KEXUEJIA JINGSHEN
RONGRU GAOXIAO SIZHENGKE DE SHIJIAN TANSUO

2021年度国家社科基金高校思政课研究专项"新时代行业类高职院校思政课'学习·研习·传习'教学模式研究"（项目编号:21VSZ072）资助成果

科学家精神

KEXUEJIA JINGSHEN
RONGRU GAOXIAO SIZHENGKE DE SHIJIAN TANSUO

融入高校思政课的实践探索

郑盼盼/著

华中科技大学出版社
http://press.hust.edu.cn
中国·武汉

图书在版编目（CIP）数据

科学家精神融入高校思政课的实践探索 / 郑盼盼著. -- 武汉 ：华中科技大学出版社，2025. 5. -- ISBN 978-7-5772-1793-2

Ⅰ. G641

中国国家版本馆 CIP 数据核字第 202554F6V7 号

科学家精神融入高校思政课的实践探索

郑盼盼　著

Kexuejia Jingshen Rongru Gaoxiao Sizhengke de Shijian Tansuo

策划编辑：张馨芳

责任编辑：苏克超

封面设计：原色设计

责任校对：张汇娟

责任监印：曾　婷

出版发行：华中科技大学出版社（中国·武汉）　　　　电话：(027) 81321913
　　　　　武汉市东湖新技术开发区华工科技园　　　　邮编：430223

录　　排：华中科技大学出版社美编室

印　　刷：湖北金港彩印有限公司

开　　本：710mm×1000mm　1/16

印　　张：10.5　　插页：2

字　　数：170 千字

版　　次：2025 年 5 月第 1 版第 1 次印刷

定　　价：78.00 元

目 录

绪 论

● 一、科学家精神的定义

科学家精神是科学家在长期的科学研究和实践活动中，形成的一种特有的精神品质和价值追求。它体现了科学家对于科学真理的执着追求、对于创新和探索的不懈努力，以及对于社会责任和人类福祉的深刻关怀。

在古代中国，与"科学"一词较相近的词语是"格物"，较早出现在《礼记》中，"致知在格物，物格而后知至"，即获取知识的途径在于探究事理，探究事理后才能获得正确认识。[①] 1897 年，康有为在《日本书目志》中列出了《科学入门》和《科学之原理》两书，直接提出"科学"的概念。以后严复在翻译《天演论》时候，也开始使用"科学"一词来代替"格物"，至此，"科学"一词在中国开始广泛使用。[②]

随着时代的不断更替，科学研究的领域及规模不断扩大，从事科学活动的人员越来越多，"科学"一词的内涵和外延越来越丰富，成为一个动态的概念。不同时代的人们，也必然会对科学的内涵有不同的反应。时至今日，"科学"一词都没有一个令所有人满意的定义，但可以明确的

---

① 汤婧. 从《礼记·大学》看《论语》中的君子人格 [J]. 学理论，2012 (28)：150-151.

② 任锋. 治化的三重世界：严复《天演论》导言探微 [J]. 云南大学学报（社会科学版），2022，21 (4)：101-112.

是，科学是人类对客观世界的真实面目与运动变化发展规律的认识，其最终的目的在于满足人类自身的好奇心，以及日益增长的物质技术需要。

● 二、科学家精神与科学发展的耦合

20 世纪五六十年代，在党的领导下，在"向科学进军"号召和科技赶超战略的指引下，新中国第一批科学家在实践中形成了以爱国主义精神为核心信念、以科学精神为基础构成、以奉献为价值取向、以奋斗、协同、育人为实践和方法论原则的，我国最早的科学家精神，为铸造内容丰富的新时代中国科学家精神奠定了基础。

2018 年，怀进鹏在《高扬爱国奋斗主旋律 引领创新建功新时代》一文中，首次提出了中国科学家精神的"爱国、创新、求实、协同、人梯"的时代内涵。① 2019 年，中共中央办公厅、国务院办公厅印发《关于进一步弘扬科学家精神加强作风和学风建设的意见》，明确指出，中国科学家精神包括：胸怀祖国、服务人民的爱国精神，勇攀高峰、敢为人先的创新精神，追求真理、严谨治学的求实精神，淡泊名利、潜心研究的奉献精神，集智攻关、团结协作的协同精神，甘为人梯、奖掖后学的育人精神。②

科学家精神与科学发展的共同核心是追求真理。科学家通过观察、实验和推理等方法，不断探索自然界的规律。这种追求真理的精神推动了科学的发展。科学家在探索未知领域的过程中，始终保持着对真理的敬畏和执着，从而使得科学不断向前发展。事实上，科学家精神是科学家在探索自然界和解决科学问题的过程中，所表现出的一种精神品质。而科学发展则是人类对自然界和宇宙的认识不断深化、拓展和升华的过

---

① 怀进鹏. 高扬爱国奋斗主旋律 引领创新建功新时代 [J]. 学会，2018（9）：5-6.

② 卞吉. 中办国办《关于进一步弘扬科学家精神加强作风和学风建设的意见》[J]. 北京师范大学学报（自然科学版），2019，55（4）：461.

程，其最终目标是揭示事物的本质规律和真理。因此，两者之间是殊途同归的关系。此外，科学家往往不甘于现状，勇于挑战传统观念，提出新的理论和观点，通过不断尝试和突破，推动科学技术的进步和革新。例如，量子力学、基因编辑技术等，都是科学家创新精神的体现，极大地推动了科学的发展。科学家在科学发展中始终秉承着严谨的观念，因此在接受现有理论和观点时不盲从，保持着独立思考和判断。这种思维方式有助于发现和纠正科学中的错误和不足，通过批判性思维不断对现有知识进行质疑和检验，使得科学理论更加严密和可靠，从而推动科学的完善和发展。

科学家精神与科学发展的共同态度是实事求是。科学家精神在面对问题和现象时，不偏离事实，不虚构和臆测，使科学家能够准确地认识和理解自然界，从而为科学发展提供了可靠的基础。科学家们在研究过程中，严格遵守实证主义原则，以实验和观察为依据，不断修正和完善科学理论，使得科学越来越接近真实。同理，在科学发展中，实事求是是科学研究的基本原则，它要求科学家在探索未知、提出假说、设计实验和解释结果时，都必须以事实为依据，避免主观臆断和偏见。比如，其中的实证方法要求科学家不依赖个人的信念或者权威的教条，而是通过可重复的实验和观察来验证假说。并且，科学发展的方法是怀疑主义，对现有的理论和知识持怀疑态度，要不断地提出问题，寻求证据来支持或反驳这些理论和知识。这种怀疑主义的方法保证了科学理论的严密性和可靠性，以确保科学的进步是基于真实和可靠的。根据两者的表现来看，其最终的归宿都是应用于实际问题，通过技术创新和实际应用来改善人类的生活条件和社会发展，将科学研究成果转化为实际应用，以遵循科学精神与科学发展的实用主义规律。

科学家精神与科学发展的共同品质是社会责任。社会责任感是科学发展进程中的基础品质，即科学家与科学发展均应以关注社会问题为导向，将科学研究成果应用于社会发展和人类福祉。在研究过程中更加注重解决实际问题，推动科学技术的应用和普及。例如，疫苗的研发、能源的利用等，都是科学中社会责任感的重要体现，极大地改善了人类的生活质量。由此可见，科学研究不仅是对自然界和客观现实的深入探究，更是为了人类的福祉和社会的进步。在追求真理和推动科学发展的过程中，应始终承担对社会的责任。在课程教学中创造性融入科学家精神内在的真善美之义，拓宽思政课程与课程思政的价值立意和育人视野，需要科学认识思政课程与课程思政的"形"与"质"。此外，在科学研究的整个过程中，应当遵守科学伦理和道德规范，确保科学研究的合法性和伦理性。例如，基因编辑技术等科学研究领域，涉及伦理和道德问题，科学家及科学发展事业都需要承担起相应的道德责任，确保科学研究的合理性和安全性，共同为科学领域的发展奠定坚实的基础。

● 三、本书的研究目的与结构安排

（一）研究目的

在科学的壮丽舞台上，每一个推动人类进步的伟大发现背后都有一群充满激情和勇气的科学家。这些科学家具备一种特殊的品质和精神，他们不断追求真理、展望未知，挑战常规观念，勇敢地提出新的理论和观点，这正是科学家精神的体现。科学研究具有独特的魅力，对人类文明的发展也极为重要，科学家精神的研究正是源于对科学方法的探索，在科学革命的推动中，逐步形成科学家精神的传统脉络。科学家精神是一种崇高的精神品质，体现了科学家对知识的渴望、对事实的尊重、对创新的追求以及对社会的责任。

首先，通过研究科学家精神，有助于了解和掌握科学方法，提高科学素养，更好地应对复杂多变的社会问题。科学家精神强调深思熟虑、批判性思维、实证和可复制性，这些特质反映了科学方法的核心原则。深入研究科学家精神可以帮助人们理解科学方法的逻辑和流程，包括问题提出、假设建立、实验设计、数据收集与分析，使人们更好地认识科学研究和科学发现，增强对科学的信任和理解。在社会科学素养培育方面，一般涉及对科学概念、科学原理和科学方法的理解与应用能力，通过研究科学家精神，可以了解科学家在研究中所持有的态度和价值观，例如质疑精神、客观性、适应性和合作性等。

其次，科学家在追求真理的过程中，勇于挑战传统观念，尝试提出新的理论和观点，能够激发人们的创新意识，培养创新思维，为科学技术的发展提供源源不断的动力。因此，通过对科学家精神的研究，可使科学家的独立思考、挑战常规思想被放大，鼓励人们敢于探索并揭示事物背后的规律，思考问题的根本原则和逻辑，激发人们的创新意识和创造性思维，从而推动科学的进步和社会的变革，促进可持续发展和人类福祉的提升。

最后，研究科学家精神有助于传承科学文化，凝聚了科学家的智慧、勇气和责任感。通过研究科学家精神，可以将科学文化传承下去，激励后人不断追求科学真理，服务社会。比如，科学家精神强调诚实守信、严谨治学、团结协作等品质，这些品质对于营造尊重知识、崇尚创新、公平竞争的社会氛围具有重要意义，能够引导人们树立正确的价值观，更好地理解和传承科学家的优秀品质，激发人们追求科学真理、服务社会的热情，为科学技术的发展和人类社会的进步贡献力量。

如今，科技的快速发展特别是信息技术的革命性变革，极大地改变了科学研究的面貌，科学家们需要适应这一变化，运用新的技术手段进行研究，同时也需要面对由信息技术带来的新的伦理和社会问题。并且，社会的多元性要求科学研究考虑不同群体的需求和利益，促进科学研究的包容性和多样性，以更好地服务于社会各个群体。因此，我国社会更需要科学家精神中的创新和求实精神，在此氛围下不断探索新知识，推动科技进步，以支持经济增长和社会发展。

（二）结构安排

本书将带领读者深入了解和探索科学家精神的内涵和重要性，探讨如何将科学家精神作为追求真理和知识的基石。解析科学家精神的内涵、发展、时代功能及未来展望，并引入当代科学家事迹，通过对科学家精神的深刻展现与诠释，帮助读者增进对科学家精神的理解，力求在新时代重塑科学家精神。具体而言，本书的结构安排如下。

绪论。简要介绍科学家精神的定义，以及阐述科学家精神与科学发展的关系，旨在解释科学家精神的重要性，为读者提供一个整体阅读的说明，帮助理解后续内容的基本概念和主旨。

第一章　科学家精神的内在追求与发展脉络。本章带领读者了解科学家精神的内在追求，以及在不同历史阶段的演变。同时，围绕科学家精神的传承基础，解读科学家精神所尊崇的理论核心，进一步挖掘其在科学发展中的价值。

第二章　科学家精神的基本特征与时代功能。本章侧重于对科学家精神内在素养、基本特征及时代价值的阐述，不仅立足于求真务实、探索创新、理性批判、合作共享等科学态度，更是从与国家发展间的联系，深入挖掘科学家精神中所蕴含的独特魅力，帮助读者提升阅读的广度与深度。

第三章　科学家精神的典范人物与榜样力量。本章通过介绍当代诸多著名科学家的事迹，拉近读者与科学家之间的距离，并从科学家的事迹中有所感悟、有所收获，认识科学家如何从平凡中铸就伟大，如何在实践中探寻真知。

第四章　科学家精神的传承创新与教育实践。科学家精神是一种具有较强包容性的精神力量，本章着重针对我国科学家精神的现状与传承问题，结合具体情况提出科学家精神的传承思路。

第五章　甬籍科学家精神的城市赋能与引领。宁波素有"院士之乡"的美誉，截至 2023 年 11 月，宁波籍两院院士增至 122 人。2019 年，宁波市委、市政府决定将原宁波师范学院旧校舍改造建设为宁波院士中心，将其作为宁波"246"万千亿级产业集群发展战略的重要支撑、"创智钱湖"战略规划落地的首启项目，为院士科研创新及论坛交流服务。① 本章重点介绍甬籍科学家及其精神对于宁波城市综合建设的作用。

第六章　科学家精神的未来展望与发展赋能。科学家精神犹如人类文明进步中珍贵的"火种"，必须要代代相传、生生不息。本章对科学家精神的未来进行展望，探索其在时代中的引领功能。

---

① 邹子敬，赖君恒. 改造·再造·再生——乡村聚落里的宁波院士中心 [J]. 建筑学报，2022 (1)：80-83.

第七章　科学家精神的思政融入与教学探索。本章将科学家精神融入社会主义核心价值观教育、爱国主义教育和理想信念教育等，构建适切的教学模式，围绕讲马克思主义的道理、融会贯通的道理、身体力行的道理，坚持思政与专业融合、课堂与社会融合、思政与信息融合，激励广大青年将爱国情、强国志和报国行自觉融入个人追求，成为改革创新的主力军，为科技自立自强汇聚强大精神动力。

第一章

科学家精神的内在追求与发展脉络

习近平总书记指出：科学成就离不开精神支撑。科学家精神是科技工作者在长期科学实践中积累的宝贵精神财富。进入新时代以来，我国社会主要矛盾已经发生根本性变化，人们对科技创新提出了更高要求。在此背景下，弘扬科学家精神具有重要意义，我们应当自觉践行老一辈科学家的爱国精神，把个人的追求融入关系国家民族命运的伟大事业中。同时，科学发展要以人民为中心，努力为人们创造美好生活，继续弘扬科学家精神的伟大追求，关注社会价值与承担社会责任，为实现中华民族伟大复兴的中国梦提供强大动力。

● 一、现代科学家的内在追求

科学研究这一人类对自然界深入认识的过程，其开端往往源于闲暇时光和个人兴趣，有很多科学领域的重大发现皆来源于此。然而，仅仅是闲暇时光和个人兴趣并不能直接催生科学的发展，而真正推动科学前行的，往往是科学家对于未知的好奇心，以及将这种好奇心转化为对自然界深入实践探索的动力，这也是科学不断发展和取得突破的重要途径。面对当今日益变化的科学需求，科学家必须付出大量的时间和精力，不断地思考、实验，逐步解开自然界的谜团，推动科学的边界不断扩展，这正是科学研究的核心精神所在。

（一）探索与求知的精神

事实上，科学探索的道路可谓蜿蜒曲折，有时甚至根本看不到尽头，无法预知会产生什么样的结果，但这一过程是科学不断进步和取得突破的关键。自然现象的外在表现错综复杂，需要科学家通过观察、实验等方式，获得初步的感性认知，再建立理性分析的框架。然而，自然界的固有规律和运行本质并不会轻易地展现出来。这就意味着要想取得科学研究成果，不能仅仅依赖于感官的直接获取。由此决定了科学探索是一项长期而艰巨的任务，科学研究的目标没有明确的边界，科学研究的过程也没有终点，探索的道路似乎永无尽头。推动科技的发展与创新，更加需要科学家坚持不懈、锲而不舍的精神。科学发现或科技发明并非一蹴而就，但在科学家们勇于探索真理、不断追求真理的实践过程中，均在经历无数次挫折后被一一实现；并在科学家们探索自然界的过程中，通过不懈的努力碰撞出智慧的火花。

比如，南仁东是我国享誉世界的天文学家，以其对宇宙深邃目光的追寻和卓越的科技创新，成为民族的骄傲。他的事迹不仅体现了科学家对未知领域的执着探索，更彰显了一位中国科学家对国家、对人民的无私奉献。南仁东1945年出生于吉林辽源的一个普通工程师家庭。自幼对天文的热爱，使他在高中时期便订阅了天文杂志，积累了丰富的天文知识。1963年，他以优异的成绩进入清华大学无线电系学习。毕业后，他并未选择出国深造，而是响应国家的号召，到吉林省通化市无线电厂工作。在这里，他主导研制了电视发射机。

南仁东对知识的渴望从未停止，他坚定地选择了继续深造，在中国科学院研究生院获得了硕士、博士学位。之后，他又在日本国立天文台担任客座教授，积累了丰富的国际视野。1982年，他回到中国科学院北京天文台工作，开始了对宇宙的深入探索。1993年，国际无线电科学联盟大会提出要建造新一代射电望远镜。南仁东被这一宏伟构想所吸引，他坚信中国也能引领这一领域。于是，他提出在贵州喀斯特洼地建造500米口径球面射电望远镜（FAST）的构想。但这一想法在当时遭到了很多人的反对，选址、论证、立项、建设，每一步都充满艰辛，但南仁东依然带领团队跋山涉水，最终在贵州大窝凼找到了理想的台址。

经过艰苦努力，FAST 终于在 2016 年建成，它不仅是世界上最大的单口径射电望远镜，更让中国在天文学领域跃升至世界领先地位。在南仁东的领导下，FAST 团队发现了许多新的脉冲星，为人类对宇宙的认知提供了新的线索。然而，在 FAST 正式对全球科学界开放的前夕，南仁东因癌症离世。他的一生，如同他所说"人是要做点事情的"，他用自己的专业知识和生命，为国家做一些实事，让中国成为世界上看得最远的国家。南仁东，这位"天眼之父"，将永远活在我们的心中，激励着我们继续前行。

（二）创新与突破的勇气

在自然界的广阔舞台上，万物遵循着不变的法则，演绎着生命的乐章。然而，这些法则并非肉眼可辨，它们的微妙和复杂隐藏在现象的迷雾之中。直观感觉和表面现象如同浮光掠影，让人难以捕捉到本质的规律。唯有立足于丰富的经验之上，借助理性的逻辑推理和精确的实验验证，我们才能探寻到那些支配自然界的深层定律。但科学家坚信，自然界的奇妙并不是无缘无故的，而是遵循着一定的运行规则和因果链条。这些规则不仅是客观存在的，而且是可以被人类理解与阐释的，必须通过善于探索的犀利眼光和科学实验的严密验证，才能揭示自然界的复杂规律，从而认识这个世界的本质，并逐步去改变和塑造它。

科学，作为一种理性的事业，其核心在于对自然现象背后固有规律的探索和揭示。这个过程不仅仅是对现有知识的积累，更是在批判性思维和深刻反思的基础上进行创新和创造。科学家精神倡导不断追求真理，勇于挑战权威，这种精神气质是科学家不可或缺的。科学的历史，从某种角度来看，就是一部不断质疑、批判和解决问题的历史。科学的本质，就是在批判和质疑的基础上，发现问题和解决问题，这种本质特性决定了科学家在研究过程中，必须具备创新和创造的精神品格。其中，批判和怀疑是科学探索的基础，质疑的态度不仅是恰当的，也是必要的，它有助于破除对权威的盲目崇拜，并且突破已有观念的束缚。当然，质疑并不是无目的的怀疑主义，它需要有理有据，科学家的探索需要克服自发性和盲目性，确保探索的长期性和方向性。科学家要在批判和质疑的基础上，提出合理的假设，并通过严谨的实验和数据分析来验证这些假设，不断地推进科学的边界，发现新的知识，解决新的问题。

广大科技工作者以执着的科学追求砥砺初心、以深沉的科学情怀开拓创新、以骄人的科学才智报效祖国、以无悔的科学担当勇毅前行，是社会主义核心价值观的生动诠释者和自觉践行者。比如，我国著名呼吸病学学家钟南山院士，他在医学领域取得了许多创新和突破。[①] 2003 年，非典型肺炎在全球爆发，钟南山院士作为广东省非典型肺炎医疗救护专家指导小组组长，带领团队深入研究非典型肺炎的病原体和传播途径。他率先提出"非典型肺炎"的命名，为疾病的诊断和治疗提供了重要依据。在非典疫情期间，钟南山院士还积极参与国际合作，与世界卫生组织等国际机构进行沟通和交流，为全球抗击非典做出了贡献。同时，钟南山院士在 COPD（慢性阻塞性肺疾病）的早期诊断和干预方面，创新提出了一种基于呼吸生理参数的 COPD 早期诊断方法，可以提高 COPD 的早期诊断率，为全球 COPD 的防控提供了重要指导。

（三）坚持与毅力的品质

科学研究是一个长期的过程，过程中充满了未知和挑战，很多问题并不容易立即得到解答，即便是人们印象中最伟大的科学家，他们的背后仍然流淌着无数不为人知的汗水。科学家为了证明自己的想法，需要持续不断地进行实验、观察和分析才能够逐渐揭开谜团。例如，一项实验可能需要数月甚至数年的时间来完成，而且结果并非总如预期，但这是科学研究的必经之路。在此背景下，只有坚持不懈的科学家才能够完成研究，最终取得突破。面对理论和实验不符的情况，或者发现研究方向存在问题时，科学家会选择从失败中吸取教训，重新审视问题，调整

---

① 周麟，王心旺，龚超．试论钟南山在中国抗疫精神形成过程中的引领作用 [J]．广州医科大学学报，2022，50（4）：80-83.

方法，并再次尝试。他们相信只要坚持不懈，最终会找到正确的答案，而这正是现代科学家坚持与毅力品质的集中体现。

我国著名数学家苏步青，一生致力于数学研究，以坚毅著称。他出生于一个贫苦家庭，但他的聪明才智从小就显现出来。为了改变命运，他选择了数学这条艰难的道路，在求学过程中遇到了许多困难，但他始终没有放弃，他坚信，只要坚持下去，就能取得成功。正是这种信念，推动着他在数学领域取得巨大成功。[①] 同时，他常常鼓励学生们要有毅力，要敢于面对困难。他说：数学研究需要毅力，需要坚持。只有这样，才能在数学的海洋中找到属于自己的宝藏。在他的指导下，许多年轻数学家茁壮成长，为中国数学事业的发展做出了贡献。苏步青的一生是一部坚持与毅力的传奇，他用自己的行动诠释了什么是真正的毅力。在面对困境时，他没有选择放弃，而是坚持不懈地追求自己的梦想，克服一切困难，实现自己的人生目标。

随着科学与社会的不断融合，科学技术的发展给人类社会带来了巨大的物质财富，极大地改善了人们的生活水平。人类生产方式和生活习惯与科学技术发展的联系日益紧密，科学家的坚持和毅力等优异品质，在现代社会的科学发展中起到至关重要的作用。如今，科学探索的目标早已不再是为了获得理论知识，也不仅仅是为了获得智力上的愉悦。相反，科学家的动机变得更加深远和崇高，他们的目标是增进人类的智慧，揭示科学的规律，捍卫科学的真理。由此可见，科学家还承担着教育和培养下一代的责任，激发人们对科学的热爱和追求，确保科学的火种得以传承。

（四）合作与分享的精神

随着科学社会化和社会科学化的发展，科学家这一职业逐渐成为一种特定的社会角色。其科学实践活动不再局限于个体，而是更多地表现为个体科学家与社会的相互关系。其中，在科学研究的初期阶段，其发

---

① 李大潜．苏步青：中国微分几何学奠基人 ［J］. 科学（上海），2023，75（2）：54-55.

展主要依赖于个体科学家的努力。然而，随着科学的进步和社会的发展，科学实践活动逐渐趋于社会化，如现代科学研究需要大量的资源投入，包括资金、设备和人力资源，这些往往超出了个体科学家的能力范围，于是科学家尝试与政府、企业或其他科学家合作，共同开展研究工作。因此，科学家在从事研究的同时，也需要考虑如何将科学成果转化为社会发展的动力，解决社会问题和改善人类生活质量。

近年来，国内学者从科学家精神的代表人物、历史演进、科学内涵、践行路径等不同视角对坚持和弘扬科学家精神开展了广泛、深入研究。整体而言，当代科学家精神，是一种跨越国界、跨越学科、跨越时间的合作精神，不仅体现在科学家之间的合作上，更体现在科学家与公众、科学家与全人类的分享上，为人类社会的进步做出了巨大贡献。在新时代的征程中，在面对具有复杂性和挑战性的科学问题时，科学家或研究团队往往难以独立解决，因此会通过建立合作团队、共同申请科研项目、开展联合实验等方式协同研究，共同攻克科学难题。这种合作精神不仅有助于整合资源、提高研究效率，还能够促进科学家之间的相互学习与交流，激发创新思维。

俗话说：科学无国界。早在 20 世纪 80 年代，我国就开始研究高铁技术，然而，由于当时国内经济水平的限制，高铁技术的研究与发展进程相对缓慢。20 世纪 90 年代，我国政府正式提出了高速铁路发展战略，并开始寻求与国际高铁技术先进国家合作。2004 年，我国引进了日本的新干线和法国的 TGV 高铁技术，标志着中国高铁技术的起点。在引进国外先进技术的基础上，我国高铁企业通过消化、吸收和创新，成功实现了高铁技术的国产化和自主化。在这个过程中，中国高铁领域的科学家积极参与国际合作，与国外相关领域共同承担研发项目，共同推动高铁技术的进步。[1] 例如，南车株洲电力机车有限公司与日本日立制作所，共同研发了 CRH2 型高速列车，北车长春轨道客车股份有限公司与法国阿尔斯通公司共同研发了 CRH3 型高速列车。

---

[1]　吴克俭，芦金宁. 中国高速铁路技术标准体系 ［J］. 中国铁路，2010（7）：1-7.

近年来，我国高铁的发展取得了举世瞩目的成就，通过引进国外先进技术，不断进行消化、吸收和再创新，成功实现了高铁技术的国产化和自主化。目前，我国高铁已经成为世界上运营里程最长、速度最高、技术最先进的高速铁路系统。我国高铁产业的成功，不仅为我国经济发展注入了强大动力，也为全球高铁技术的发展提供了新的选择。并且，在保证自身技术优势的同时，科学家还积极与国外开展技术交流与合作，共享相关领域的研究成果。比如，2014 年我国高铁企业与印度尼西亚、俄罗斯、泰国等国家的高铁企业签署合作协议，共同开展高铁技术合作。[①] 此外，我国高铁企业还参与了亚投行支持下的"一带一路"高铁项目，将我国高铁技术推广至全球，充分展现出科学合作与共享的态度。

● 二、科学家精神的发展脉络

科学家精神是对科学的热爱、好奇心、求知欲、勇于创新、坚持不懈、团结合作等精神的集中体现。尤其是进入 20 世纪后，科学家精神得到了更多的重视和支持，如科学研究机构的建立、科学基金会的设立、国际科学合作项目的推进，都为科学家精神的发展提供了良好的环境和条件，也使科学家精神受到了全社会的尊重和崇敬，科学家成为社会进步的引领者和榜样。科学家精神在不同背景下，所呈现的发展轨迹不尽相同，我国科学家精神同样也经历了不同阶段的考验，并在其中发挥了重要作用。

（一）科学救国阶段

20 世纪初，我国科学家在面对国家危机和社会困境时，以科学为手段和武器，为国家独立和人民解放做出了重要贡献。这一阶段的科学家精神，主要体现在对国外先进科学技术的引进和消化吸收上。我国长期经受"闭关锁国"政策的影响，导致社会科学技术严重落后。为快速追

---

① 崔艳萍.《国境铁路协定》研究［J］. 铁道运输与经济，2022，44（11）：27-31，162.

赶国外科学水平，科学家积极学习外国的先进技术，并通过自己的研究和实践，将这些技术应用到国家建设和军事发展中，并通过转化与创新使之更适合我国的实际情况。

随着科学建制的本土化，从 20 世纪初开始，中国科学教育机构、研究机构、学术团体相继建立，逐步形成了较为完整的科学建制体系。中国第一代职业科学家也开始在 20 世纪上半叶崭露头角，为中国科学事业的发展做出了重要贡献。[①] 比如，新式学堂广泛建立，以传播新思想、新文化及教授西方近代自然科学知识为主，提升了科学人才的培养水平，为中国科学事业的发展提供了人才支持。同时，中国地质学会、中国科学社生物研究所等机构的成立，为我国科学家提供了研究和交流的平台，不仅推动了中国科学研究的深入发展，也促进了中国科学建制的本土化进程。

竺可桢认为，中国近代自然科学，实际上在 20 世纪上半叶才开始产生。[②] 五四运动时期，科学和民主的口号同时被提出，标志着科学救国思潮的兴起。1916 年，丁文江领衔成立的中央地质调查所，以及之后秉志领衔成立的中国科学社生物研究所，成为中国较早的自然科学研究机构，为中国科学事业的发展奠定了基础。科学社团的成立，以及相关刊物的发行，对处于水深火热中的旧中国，无疑是极为重要的科学启蒙，部分情况如表 2-1 所示。

表 2-1　20 世纪初中国主要科学社团及发行刊物（部分）

社团名称	成立时间	发起人	刊物名称
中国药学会	1907	王焕文	—
中国科学社	1915	任鸿隽	《科学》《科学画报》
中华农学会	1917	陈嵘	《中华农林会报》
中华森林会	1917	凌道扬	《森林》

———————————

① 张柏春. 关于中国科学技术史学科发展的几点思考 [J]. 自然科学史研究，2021，40（1）：115-119.

② 林伟. 知识的跨国流通：竺可桢对哈佛大学地理学传统的继承与发展 [J]. 自然科学史研究，2023，42（3）：326-347.

续表

社团名称	成立时间	发起人	刊物名称
中国地质学会	1922	丁文江	《中国地质学会志》
中国气象学会	1924	竺可桢	《气象杂志》
中华地学会	1931	葛绥成	《地学季刊》
中国化学会	1932	陈可忠	《化学》《化学通讯》
中国物理学会	1932	李书华	《中国物理学报》
中国考古会	1933	顾鼎梅	—
中国植物学会	1934	胡先骕	《中国植物学杂志》
中国动物学会	1934	秉志	《中国动物学杂志》
中国数学会	1935	胡敦复	《中国数学会学报》《数学杂志》
中国心理学会	1937	刘廷芳	《中国心理学报》

（二）科学报国阶段

科学家精神是中国科学家在为国家发展和人民福祉贡献力量的过程中，共同总结和凝练出的独特品质和精神内核，以爱国主义为核心，勇于创新、追求卓越、淡泊名利、团结协作，体现了中国科学家对国家和人民的忠诚、对科学事业的热爱以及对社会责任的担当。在科学报国阶段，中国科学家将自己的科研事业与国家的命运紧密相连，为国家的繁荣富强而努力，他们坚信科学是国之利器，以国家的利益为重，为国家的科技发展做出了较大贡献。他们把个人的理想追求融入国家事业，为实现中华民族伟大复兴的中国梦而努力奋斗。

同时，在新中国发展初期，许多科学家敢于突破传统束缚，勇于探索未知领域，敢于提出新问题、新思路，勇于进行科学实验和技术创新。他们认为，科学没有止境，追求卓越，勇攀科学高峰。尤其在大量的"急难险重"科研任务中，中国科学家注重追求科学真理，甘于寂寞，默默耕耘，无私奉献自己的力量和智慧，抵制各种诱惑，坚守科研道德，为科研事业树立了光辉的榜样。

我国卫星事业发展是一段波澜壮阔的历程，充满了艰辛和挑战，也在潜移默化中体现着科学报国精神。当时，由于国家正处于社会主义建设初期，面临着巨大的压力和挑战，为了增强国家的综合实力，我国决定发展自己的卫星事业。1958 年，我国成立了第一颗人造地球卫星的研制机构，从此开始了我国的卫星研制工作。但由于当时我国缺少技术储备，特别是航天领域属于核心尖端技术，一系列的技术难题亟待解决。尽管面临如此巨大的困难，我国科学家依然凭借着对科学的热爱、对国家的忠诚，不断攻克难关。尤其是钱学森等一批在国外的科学家，在得知新中国成立后，毅然决然地放弃了在国外优越的生活和工作，决心回国报效祖国。即便是受到国外政府方面的远端阻拦，他们依然没有屈服，最终在 1970 年成功发射了我国第一颗人造地球卫星——东方红一号。[①]

（三）科学兴国阶段

进入改革开放以来，我国的科学发展取得丰硕成果，科技创新成为国家发展的重要支柱，为中国经济的持续增长和社会的全面进步提供了强大动力。"科学技术是第一生产力"的理念，在科技发展中起到了至关重要的作用。1978 年，中共十一届三中全会拉开了改革开放的序幕，真正把科技和教育摆在经济、社会发展的重要位置。[②]

科教兴国是指全面落实科学技术是第一生产力的思想，坚持教育为本，把科技和教育摆在经济、社会发展的重要位置，增强国家的科技实力及向现实生产力转化的能力，提高全民族的科技文化素质，把经济建设转移到依靠科技进步和提高劳动者素质的轨道上来。"科教兴国"是党中央、国务院按照邓小平理论和党的基本路线，科学分析和总结世界近代以来特别是当代经济、社会、科技发展趋势和经验，根据中国国情，为实现社会主义现代化建设三步走的宏伟目标而提出的发展战略。1977 年，邓小平在科学和教育工作座谈会上提出："我们国家要赶上世界先进

---

① 文青 . 中国第一颗卫星东方红 1 号上天纪实 [J]. 国际太空，2010（4）：23-27.

② 甘肃省社会科学院 . 在十一届三中全会精神指引下发展社会科学研究事业 [J]. 甘肃社会科学，1988（6）：8-14.

水平，从何着手呢？我想，要从科学和教育着手"，"不抓科学、教育，四个现代化就没有希望，就成为一句空话"。从 20 世纪 70 年代后期到 90 年代初期，我国坚持"实现四个现代化，科学技术是关键，基础是教育"的核心思想，为科教兴国战略的形成奠定了坚实的理论和实践基础。

在 21 世纪初世界发生深刻变革的背景下，中国面临的挑战与机遇并存。世界多极化和经济全球化的发展，科技的飞速进步及知识经济时代的到来，使综合国力之间的竞争日益激烈。在这种背景下，我国提出了科教兴国战略，作为一种积极的回应，其核心是落实科学技术是第一生产力的思想，将科技和教育置于经济和社会发展的关键位置。这意味着我国要加速科技进步，提高国家的科技实力，以及将科技转化为现实生产力的能力。同时，提高全民族的科技文化素质，将使经济建设真正转移到依靠科技进步及提高劳动力素质的轨道上来，从而加速实现国家的繁荣昌盛。

以江泽民同志为核心的党的第三代中央领导集体，继承了前两代中央领导集体的探索精神，提出了科教兴国的战略，标志着我国对科技和教育的重视达到了新的高度。以胡锦涛同志为核心的党的第四代中央领导集体，在科教兴国战略的继承中，将其作为创新驱动发展战略的基础，不断赋予其更高、更迫切的要求，以科学发展观为基础，积极致力于国家科技和教育发展，不断在世界舞台上提升国家整体竞争力。[①] 因此，科教兴国战略是中国面对世界挑战的一种主动回应，也是中国实现现代化的重要途径。在此过程中，我国科学家精神发挥了至关重要的作用，无数参与国家科技建设的科学家，保持着坚定的理想信念、严谨治学的态度、勇于创新的勇气及胸怀祖国、服务人民的使命感。正是这种精神，使我国科学家在各自的领域取得了举世瞩目的成就，为我国的科教兴国战略做出了杰出贡献。在实施科教兴国战略阶段，我国科学家始终站在世界科技的前沿，积极参与国际竞争，努力实现科技突破。他们在致力于科研和教育时，以身作则，言传身教，培养了一大批高素质的科技人

---

① 吴晓敏，胡启南. 从"第一生产力"到"第一资源"——论江泽民人才思想的形成、内涵及其实践 [J]. 求实，2008（9）：14-17.

才，成为实现科教兴国战略的重要力量，使科学家精神和科学技能得以传承下去，为国家综合实力发展做出了杰出贡献。

（四）科学强国阶段

党的十八大的召开，标志着我国进入了全新的发展阶段，国家高度重视在科技领域的发展与投入。如在科技经费使用、科技成果评价、项目评审等领域开展了一系列改革，科研项目申请、经费预算、项目执行汇报等环节得以简化。体制创新和制度改革为科研创新提供了便利，有利于科研人员将更多的精力投入科研活动中。仅 2016 年，我国科研经费投入总量为 1.57 万亿元，比 2012 年提高 52.5%，年均增长 11.1%，成为仅次于美国的世界第二大研发经费投入国家。科技进步对中国经济增长贡献率，从 2012 年的 52.2% 提高到 2016 年的 56.2%。《2017 年全球创新指数报告》在日内瓦发布，中国居于第 22 位，中国正加速迈进创新型国家行列。[①]

2013 年 10 月 23 日，习近平总书记在会见清华大学经济管理学院顾问委员会海外委员时表示，科教兴国已成为中国的基本国策。我国将秉持科技是第一生产力、人才是第一资源的理念，兼收并蓄，吸取国际先进经验，推进教育改革，提高教育质量，培养更多、更高素质的人才，同时为各类人才发挥作用、施展才华提供更加广阔的天地。

我国经济社会的快速发展，以及在科技领域的不断突破，为科学强国提供了有力支持，特别是科学家精神得到全面传承。在新时代，科学家敢于挑战世界科技前沿，勇于探索未知领域，取得了一系列重大科技成果。例如，在人工智能、量子信息、生物科技等领域，我国科学家通过不懈努力，取得了世界领先的研究成果，为我国科技发展赢得了有利地位。比如，中国探月工程是我国实施的月球探测工程，科学家精神在我国探月事业中发挥了至关重要的作用。科学家对待科研工作严谨认真，不断进行实验验证和数据分析，确保探测任务的顺利进行。他们通过精

---

① 岑树田，葛扬. 我国创新驱动发展战略的政策效应研究——基于财政科技投入视角的理论与实证 [J]. 经济问题，2023 (5)：9-21.

确的计算和严密的论证，确保了探测器的安全着陆和顺利运行，用自己的实际行动践行社会主义核心价值观，为全社会树立了榜样，为我国探月事业的成功奠定了基础。

三、科学家精神的传承基础

（一）马克思主义理论的指导

在社会主义革命和建设时期，我国的科学家精神在很大程度上体现了马克思主义人本观。这种精神中的"胸怀祖国、服务人民的爱国精神"，明显受到了马克思主义人民立场的影响。其中，人民性是马克思主义的本质属性。自成立以来，中国共产党作为马克思主义的执政党，始终将人民群众作为一切工作的出发点和落脚点，始终坚持人民至上的根本立场。以毛泽东为主要代表的中国共产党人，确立了"全心全意为人民服务""一切从人民的利益出发"的根本宗旨，显示了马克思主义以人为本的价值取向。[①] 这不仅彰显了科学家精神服务人民的本质，也使其社会主义本质得到了体现。

在马克思主义人本观中，人的价值追求得到了深刻的体现，"淡泊名利、潜心研究的奉献精神"及"甘为人梯、奖掖后学的育人精神"等，均属于其中的重要内容。马克思明确提出了为全人类服务的价值追求和远大理想，认为只有为人类工作时才能享受到超越个人利益的、无限的、无私的乐趣。他的理想是，幸福将属于千百万人，共产主义事业将悄然无声地存在下去。这种价值追求体现在人的生命中虽然是有限的，但对于全人类幸福的追求和对未知领域的探索是无限的，共产主义远大理想的实现需要一代又一代人的接续奋斗。我国科学事业的蓬勃发展也需要实现代际传承，也要求科学家对未知领域的探索，以追求人类幸福，在为科学事业而奋斗中培养和提携后辈。

---

① 张夏. 马克思主义中国化时代化的群众基础论略［J］. 学校党建与思想教育，2023（1）：40-44.

在社会主义革命和建设时期，老一代科学家在思想改造过程中，深受马克思主义价值观念的熏陶，认识到社会主义事业的崇高性和自身科研工作的重要性。这使他们摒弃了以往带有个人利己主义的陈旧价值观，树立起为广大人民的幸福而奋斗的崇高价值追求。在科学领域，老一代科学家凭借自力更生、艰苦奋斗的拼搏精神，取得了举世瞩目的成就，用实际行动造福了亿万中国人民。他们不仅关注科研成果，更关注培养新一代科技人才，以实现科技事业的可持续发展，展现了甘为人梯、奖掖后学的育人精神，为我国科学事业培养了大批接班人。他们在社会主义建设中所展现的精神风貌，不仅为我国科技事业的发展奠定了坚实基础，也为后人树立了光辉榜样，将永远激励着我国科技工作者为国家的繁荣和人民的幸福而不懈奋斗。

（二）优秀传统文化的滋养

习近平总书记指出：中华优秀传统文化已经成为中华民族的基因，植根在中国人内心，潜移默化影响着中国人的思想方式和行为方式。[①] 中国科学家的成长深深植根于中华大地，必然会受到中华传统文化潜移默化的影响，提升他们的思想境界、人格素养、道德规范、价值追求，为科学家精神打上厚重的中国文化烙印。长期以来，科学家精神与中华优秀传统文化的密切关联显而易见，中华优秀传统文化中关于人的价值追求、道德规范、思想境界等内容，与科学家精神的具体内涵有着高度一致性，为其形成提供了充足的文化养分。

科学家精神中的"胸怀祖国、服务人民的爱国精神"，体现了中华民族厚重的民族情感，与中华民族传统的"先天下之忧而忧，后天下之乐而乐""苟利国家生死以，岂因祸福避趋之"的家国情怀相统一。这种爱国精神是科学家精神的核心，激励着科学家为国家的繁荣富强而努力奋斗。同时，科学家精神中的"追求真理、严谨治学的求学精神"，彰显了中华民族知行合一、求真务实的治学态度，与中华民族传统的"路漫漫其修远兮，吾将上下而求索""失之毫厘，差之千里"的价值理念一致，

① 习近平. 习近平谈治国理政：第三卷［M］. 北京：外文出版社，2020.

促使众多科学家不断探索、创新，为人类的进步和发展贡献力量。此外，科学家精神中还包括"勇攀高峰、敢为人先的创新精神""淡泊名利、潜心研究的奉献精神""甘为人梯、奖掖后学的育人精神"等。中华优秀传统文化的精髓，为社会主义革命和建设时期的科学家精神注入了强大的动力。

在我国，老一代科学家普遍具有淡泊名利、无私奉献、忠厚朴实等性格特质，这源自整个文化大环境的熏陶，是刻印在中国人骨子里的精神特质。以邓稼先为例，他在我国科学界具有极高的声望，但其性格十分低调，忠厚朴实、真诚坦率、从不骄傲、心胸广阔。他一生喜欢"纯"字所代表的品格，具有典型的中国农民朴实气质，与西方科学家的性格特质形成了鲜明对比。杨振宁通过将邓稼先与美国"原子弹之父"奥本海默对比，认为邓稼先如果是美国人，不可能成功领导美国的原子弹工程。同理，奥本海默如果是中国人，也会面临同样的结果。杨振宁认为，邓稼先的性格之所以如此，很大程度上是受到中国社会传统文化的深刻影响，邓稼先是中国几千年传统文化所孕育出来的有最高奉献精神的儿子。[①]

事实上，我国科学家自幼接受的是国学教育，他们深受中华传统文化熏陶，形成了坚实的传统文化功底。有很多科学家养成了阅读中国古代典籍的兴趣爱好，潜移默化地汲取了其中丰富的中华民族优秀价值观，使他们的个性、品格、思想境界等从中得到深厚的滋养。我国著名科学家于敏，自幼爱好阅读中国古典文学，尤其喜欢背诵《满江红》《正气歌》《出师表》等，极为敬佩岳飞、文天祥、诸葛亮等古代忠义之士的人格和风骨。于敏以这些忠义之士为榜样，从他们身上学习到了鞠躬尽瘁、死而后已及淡泊名利、宁静致远等优秀品质，并将林则徐的"海纳百川有容乃大，壁立千仞无欲则刚"作为自己人生的座右铭，在我国科学史上做出了重要贡献。

① 史守华. 两弹元勋 民族脊梁——读《邓稼先文集》和《邓稼先图片传略》有感 [J]. 科技文萃，2004（12）：108-110.

（三）人文科学精神的彰显

如今，科学精神已经是一种永恒的主题，它强调求实创新，是科技工作者必须具备的精神品格，科学家之所以能够成为科学家，正是因为他们具备追求真理、勇于创新的精神。科学精神主要针对客观事物，而科学家精神则带有一定的主观性质。科学家精神是科学精神在科技工作者群体中的人格化体现，更加强调社会性和人格性，虽然科学精神与科学家精神有所差别，但它们的内容之间存在高度耦合，如在社会主义革命和建设时期，科学家精神的内容中就包含了实事求是、追求真理的科学精神。

科技工作者的职业特性，要求他们必须深入科研一线，通过反复的实验和探究，逐步培养出严谨细致、追求真理的学术态度。在科研过程中，科技工作者不断追求实证主义，对研究持有批判性思维，勇于挑战既定知识，这种敢于质疑的精神品格，使他们在科学探索的道路上不断进步。事实上，这些品格和态度的形成不仅源自个人品质，更受到科学家精神的熏陶，也是科技工作者成长为优秀科学家的重要基石。另外，科学家精神不仅蕴含着追求真理、严谨治学的科学精神，同时也融合了人文精神的核心特质。科学精神关注的是客观世界的"是与非"问题，而人文精神则致力于探讨和解决"善与恶"的问题，即个人的行为是否符合道德规范和社会价值观，是否会产生积极的影响或意义。

一个优秀的科学家不能缺少人文精神，科技工作者在开展科学研究时，同样需要人文精神的指引。缺乏人文精神，科学家可能会丧失道德良知、人文素养及情感关怀，这样的科学家将难以在科学工作乃至社会发展中发挥正面作用，也无法成为科学家精神的塑造主体。其中，人文精神能够为科学家精神注入更多向善臻美的人文主义情怀，突出科技工作者在科学创造活动中的主体地位，体现出他们对于为人类谋福祉、为社会谋发展的责任担当，以及对于人本身的尊重，进一步达到人性之真、善、美的和谐统一。

（四）现代科学技术革命的兴起

回顾历史，我国曾经是世界上文明极为发达的国家之一，科学技术水平处于世界领先地位。然而，由于过度依赖农业文明，数次与科技和产业革命的机遇失之交臂，导致我国早期科技发展滞后，综合国力逐渐落后于世界，并在近代化进程中遭受了帝国主义国家的多次侵略。直到二战结束以后，世界各国纷纷大力发展先进科技，我国的科学基础却还处于一穷二白的起步阶段，与世界上其他国家相比，我国的综合国力差距不断拉大。为此，聂荣臻曾经提到，新中国成立后，面对国家的落后现实和外部环境威胁，大力发展科学技术成为所有人的共识，这种共识体现了我国在科技发展上的迫切需求，以及对未来社会发展的深刻洞察。因此，我国科技工作者在这种环境下，不仅要追赶世界的步伐，更要克服重重困难，努力创新，为国家的现代化建设做出贡献。他们的努力和奋斗，为我国的科技发展奠定了基础，也为后来的科技崛起打下了坚实的基础。

以史为鉴，可以知兴替；以人为鉴，可以明得失。我国所经历的这段历史，不仅让我们深刻认识到科技发展对国家的重要性，更让我们明白，只有紧跟科技发展的步伐，才能在激烈的国际竞争中立于不败之地。我们应该从历史中吸取经验教训，继续加大对科技的投入，培养更多的科技人才，推动科技创新，以实现我国的科技崛起，为国家的发展和进步贡献力量。基于此，我国历届党和国家领导人，高度重视科学技术的发展，同时依托钱学森、钱三强、华罗庚、赵九章等众多科学家，为我国的导弹、原子能、电子计算机、人造地球卫星等尖端科技领域奠定了坚实基础。

如今，在党的领导下，广大科技工作者积极投身科技事业，为我国科技事业的发展做出了巨大贡献。在航天领域，我国取得了举世瞩目的成就，自2003年首次成功发射载人航天器以来，我国已经成功实施了多次载人航天任务，建设了月球和火星探测工程，并成功发射了嫦娥一号、嫦娥二号、嫦娥三号、嫦娥四号等月球探测器，实现了月球背面着陆和巡视探测。此外，我国还建设了北斗卫星导航系统，为全球用户提供高精度、可靠的定位、导航和授时服务。在高速铁路技术领域，截至 2022 年，我国高速铁路运营里程超过 4.2 万公里，占全球高速铁路运营总里程的 70％以上，成为世界上高速铁路技术最先进、运营里程最长的国家。① 同时，我国高铁技术在速度、安全性、能耗、舒适度等方面具有国际竞争力，已经走向世界，参与了国际高速铁路建设。在生物科技领域，我国科学家成功解析了丙型肝炎病毒感染的重要蛋白结构，为全球抗病毒治疗提供了关键靶点。此外，在能源领域，我国已成为全球最大的清洁能源市场，拥有全球最先进的风力发电和太阳能发电技术，并成功实现了千米级深海油气勘探和开发，成为全球深海油气勘探领域的领导者。

　　这些成果的取得，得益于我国科技体制的改革，创新环境的优化，以及科技人才的培养。在党的领导下，我国科技事业将继续快速发展，为实现中华民族伟大复兴的中国梦提供有力支撑。

---

　　① 俞灵琦. 全"速"前行的中国高铁 国家高速列车技术创新中心主任 梁建英[J]. 华东科技，2022（10）：27.

第二章

科学家精神的基本特征与时代功能

● 一、科学家精神的内在素养

茅以升认为，广泛地为人民服务，就是研究科学的崇高理想之一。[①]
科学家精神是科学家在科学实践中所展现出的精神风貌和价值追求，包括科学家的求真务实、探索创新、理性批判、合作共享等多个方面，最终形成了完整的科学家精神脉络。事实上，科学家精神并不是单纯的精神代称，而是无数科学家通过一生的心血共同铸就的精神脊梁。特别是在新中国成立之初，面对国内物质资源匮乏、科学人才缺失、社会经济萧条的挑战，钱学森、邓稼先等众多海外科学家放弃了国外的优渥条件，怀揣着科学报国的梦想毅然决定返回祖国，为国家应对困难与挑战贡献自己的力量。老一辈科学家为了新中国的科学发展，放弃自己已经拥有的研究成果，转而投身于国家最急需的领域，进一步丰富了科学家精神的底色，使我国的科学家精神与家国情怀紧密相连，也标志着科学家素养的升华。

（一）求真务实：科学家精神的核心

求真务实是科学家精神的核心，也是推动科学发展的基础和动力。

---

① 茅以升. 茅以升选集 [M]. 北京：北京出版社，1986.

求实精神的本质在于对科学的尊重、对真理的追求以及实事求是的工作方法，这种精神在科学家进行研究时，表现为一种求真务实的科学态度，以及对真善美的不懈追求和严谨的学术氛围。袁隆平在水稻育种实验中，正是在这种求实精神的推动下，基于科学事实，勇敢地修正错误和偏差，摒弃了李森科所提出的理论，转而深入研究孟德尔遗传定律。在数十年的不懈探索中，袁隆平总共研究了上千个水稻品种，并在实验中不断严格验证自己的假设，最终成功发展和完善了杂交水稻育种三系法。袁隆平院士一生对科学充满热爱，始终坚持尊重科学、尊重事实的态度，敢于质疑权威，以实际观察到的事实为依据，最终培育出优质的杂交水稻。

　　首先，求真务实是科学研究的本质要求。科学是对客观世界的规律进行探索和认知的过程，其目标在于揭示事物的真相和本质，需要科研人员具备强烈的求真欲望和执着的探求精神，以开放的心态面对未知，敢于挑战权威，不畏艰难险阻，坚持不懈地寻求科学真理。没有这种求真的精神动力，科学的发展就失去了原动力，无法实现对知识边界的拓展和深化。其次，务实是科学方法的具体体现。科学研究必须建立在实证的基础上，依赖严谨的实验数据和观察结果，一切理论推断和创新都必须接受实践检验，符合实际情况。务实精神要求科研工作者对待研究工作要脚踏实地，遵循科学的方法论，坚持从实际出发，实事求是，避免主观臆断和盲目跟风，确保科研成果的真实性和有效性，促进科学技术的有效转化与应用。最后，求真务实精神对科学发展的规范作用不容忽视。在科学研究过程中应坚守诚信原则，抵制学术不端行为，尊重他人的研究成果，承认并改正自身的错误，在这样的氛围下，才能推动科研人员开放坦诚交流，共享研究成果，形成良好的学术生态，从而有力地推动科学事业的健康发展，使之成为驱动科技创新的强大引擎，引领我国乃至全球科学事业不断向前发展。

　　在新时代，科学家继承并发扬求实精神，不懈地追求科学真理，坚守对科学规律和客观事实的尊重，勇于解放思想，独立思考，不仅敢于质疑权威，挑战传统观念，而且勇于提出创新理论和创新路径。这种精神的传承，不仅促进了我国科学事业的发展，而且对人类社会的进步做出了巨大贡献。同时，身处新时代的科学家通过努力奋斗和奉献，展现了科学家的责任感和使命感，有效推动了科学技术的进步，更为全新的研究领域提供了强有力的支持，展现出求真务实精神中所蕴含的强大动力。

（二）探索创新：科学家精神的灵魂

科学家的创新精神体现为勇于摆脱传统观念，能够提出新理念和构建新事物体系。在"两弹一星"项目的研发阶段，面对苏联的技术断援威胁，我国老一辈科学家发扬了独立自主、积极创新的精神风貌，毅然决定不依赖外部力量，全力进行自主研发。即便需要跨越"从无到有"的技术鸿沟，他们依然通过海量的数据分析、严密的逻辑推理，以及无数次实验验证，逐一破解了数千项关键科技难题，并最终成功研制出了原子弹。由此可见，探索创新是科学家精神的灵魂，且深深根植于科学的本质和科学家的角色之中。科学家的使命不仅是解释世界，更在于通过不断的探索与创新，推动人类对自然界认知边界的不断拓展。

首先，探索是科学研究的基本动力和核心特征。科学是对未知世界的揭示和理解过程，其本质是永无止境的探索之旅。其中，科学家以好奇心为驱动，不满足于已知的知识领域，勇于涉足未解之谜，挑战理论极限。他们以怀疑和批判的眼光审视一切，用实验验证、假设及数据揭示真相，通过积极探索突破传统思维，使科学得以持续发展，不断刷新人们对世界的认识。其次，创新是科学进步的关键要素和科学家精神的重要体现。通常而言，创新意味着在既有知识体系的基础上提出新的观点、新的理论，甚至提出全新的科学范式，要求科学家具备独立思考、敢于质疑、勇于尝试的勇气和智慧。实际上，每一次科学革命和重大发现，无不源自科学家的创新思维和实践，同时表明只有不断创新，才能推动科学技术的发展，解决实际问题和引领社会进步。

此外，真正的科学家明白，科学探索并非一帆风顺，失败往往是通向成功的必经之路，因此，当他们在面对困难和挫折时，往往比常人更能坚守初心，勇往直前，善于从各种失败中吸取教训、调整方向，这本身就是一种积极的探索创新精神。1993 年，南仁东提出了一个大胆构想：在我国本土建设一座能探测宇宙深处射电信号的大型射电望远镜。尽管当时我国的射电天文研究基础薄弱，但南仁东依旧保持着设想未来的勇气，亲自带领团队历时 10 多年，最终寻找到了适合建造 500 米口径球面射电望远镜的理想场地。经过不懈努力，项目最终获得批准并成功建成，即闻名于世的中国"天眼"。

探索创新构成了科学家精神的核心内涵，是推动科学发展的重要灵魂，无论是对自然界的深度解读，还是对科技前沿的不懈追求，抑或是对科研方法和技术手段的改进更新，都离不开探索创新精神的引领。同时，也唯有秉持并发扬探索创新精神，在科学家才能更好地履行推动科技进步、服务社会发展的历史使命，也才能在全球科技竞争的大潮中赢得主动，实现科学事业的长足发展。因此，新时代的科学家应当继承和发扬这种创新精神，在严格遵循科学方法论的同时，敢于挑战现有知识框架，创新思维，不断孕育新的科学理论和技术路径。通过长期艰辛的研究与探索，实现科学技术从无到有，从弱到强，直至卓越的飞跃式发展。

（三）理性批判：科学家精神的特质

科学的核心宗旨在于，通过理论构建对于"世界真实面貌"的精确而本真的认知描述，并且接纳科学理论的标准之一，便是基于其具有真实性的信念。在科学研究的过程中，研究对象、方法论和评价体系的客观性，共同构成了科研成果的客观性的基石。可以说，科学是对真理和证据坚定承诺的体现，真正的科学陈述必须反映出这种价值内核。科学家正是秉持着对真理的执着追求，通过持续不断的实证检验来筛选和确立科学论述的可靠性。倘若科学家在科学研究过程中，缺乏理性批判的精神特质，则会对科学发展构成重大阻碍。故步自封、毫无创新意识的学术态度，是制约国内科学进步的一大障碍。理性批判的本质是对既有知识、理论和观念的深度审视与独立思考，通过严谨分析、逻辑推理以及实证检验，挑战权威，揭示真理，推动科学进步。

科学家精神作为理论创新的概念，不仅是广大科学家共同的价值取向和精神符号，也是追求实事求是目标的根本所在。对于各种科学原理和学说，都要经过反复推敲与证实，直至确认无疑才可止步，不容许个人主观偏好或情感色彩影响判断。首先，理性批判是科学探索的基础。科学并不满足于对现实世界的简单描述，而是力求揭示事物背后的深层规律和本质联系。科学家在面对既有的学术成果时，并非盲目接受或全盘照搬，而是采取批判性态度，深入探究其内在逻辑和依据，寻找可能存在的漏洞与不足，并以此来驱动科学家不断挖掘新的研究问题，提出新的假说和理论，从而拓展科学的认知边界。其次，理性批判是科学创新的动力源泉。任何科学理论都不是永恒不变的绝对真理，而是需要经过实践检验和时间考验的相对真理。科学家应运用理性的批判性思维，勇于挑战旧有理论框架，积极寻求新的解释和解决方案。

此外，理性批判还体现在科学家对权威的质疑上。在科学研究中不能过度依赖未经检验的权威观点，而忽视科学证据和批判性思维。广大科学家在遵循实践原则时，也倡导依据事实和证据来进行判断和决策，而非盲目服从任何权威。因为在他们的眼中，科学研究是一项长期实践和验证的复杂过程，任何科学技术及科学成果都不是唯一答案，而是要能从失败中吸取教训，从而争取更为突出的研究成果，以实现对现有研究成果的突破和创新。同时，在科研活动中，面对潜在的利益诱惑、社会压力或个人偏见，理性批判精神能够帮助科学家保持清醒头脑，确保科研成果的真实可靠。

比如，我国杰出的物理学家洪朝生，是低温物理学领域的先驱和奠基人之一。他早年留学美国，并在麻省理工学院取得博士学位后，回国投身于我国低温物理实验研究的拓荒工作。[①] 他对于科学理论持严谨审慎的态度，不迷信权威，敢于挑战已有的学术观念，在建立和发展我国低温物理实验室的过程中，洪朝生以批判性思维，审视国际上的先进技术和研究成果，并结合我国国情进行创新性应用和改进。例如，在国内缺乏低温实验设备和技术条件极其艰苦的情况下，洪朝生带领团队用自行研制的氢预冷的氦液化器在国内首次产生液氦，打破了国外的技术封锁。尤其是在研发过程中，他始终抱着批判性的态度，对原有设计方案进行细致入微的分析与批判，针对实际问题提出并实现了多项关键技术创新。

① 洪朝生 低温王国拓荒人 [J]. 科学大观园，2019 (9)：33.

最终，在他实事求是、敢于质疑、勇于探索的科学精神下，取得了较大的成功，并对我国科技进步产生了深远影响。

整体而言，理性批判作为科学家精神的重要特质，应贯穿于科学研究的全过程，既是发现问题、解决问题的有效工具，也是保证科学健康发展的重要屏障。只有坚持理性批判，才能促使科学家在求真务实的基础上不断创新突破，进而推动科学事业持续繁荣发展。因此，培养和弘扬理性批判精神，对于建设创新型国家和提升整体科技实力具有深远意义。

（四）合作共享：科学家精神的体现

合作共享，作为科学家精神的重要内涵，是科学研究和科技进步的催化剂，不仅体现了科学活动的社会性和协作性，更是推动科学知识传播、创新成果快速转化的关键动力。以我国"两弹一星"工程为例，作为一项技术高度密集、系统极为复杂且学科交叉性极强的科学项目，它的成功是科学领域高度协同合作的典范。通过"集中力量办大事"的制度及传统优势，形成全国上下"一盘棋"的战略布局和行动纲领，在各个科研领域顶尖专家的智慧与力量汇聚中，共同攻克了一系列高难度的技术瓶颈，使中国迅速跻身于全球核技术和航天技术的前列。

如今，科学研究呈现出日益显著的组织化特征，尤其是科学家的合作精神，已经不再局限于国内同行之间，而是延伸到国际科学社群之间的广泛合作，打破了以往个人独立奋斗或封闭式研究的局限。比如，科学家、研究机构、高等院校之间，以及各国政府间的团队协作、集体攻关，已经成为科技创新的常态。我国科学家在坚持自主创新的同时，也积极融入国际科研合作网络，在确保国家利益的前提下，与其他国家展开互利共赢的合作，这也是符合构建人类命运共同体理念的时代要求。通过共享资源、共担风险、共创成果，我国科学界正在为全球科技事业的进步贡献着独特而重要的力量。

通常而言，科学研究往往涉及复杂的学科交叉和实践领域，单靠个人的力量难以应对所有挑战。例如，在基因组学研究中，科学家需要通过跨国界的团队合作来解析庞大的基因数据；在大型粒子物理实验如欧洲核子研究中心（CERN）的大型强子对撞机项目中，全球数千名科学家共同参与，共享研究成果，才得以揭示微观世界的奥秘。① 这种深度合作使科学家能够整合各方优势资源，发挥集体智慧，攻克科研难关。在科研过程中，同行之间的交流讨论有助于激发新的思路和灵感，达到相互借鉴经验、避免重复劳动、加速科研进程的效果。同时，依托开放的数据共享政策，以及标准化的合作机制，确保科研成果的真实性和可验证性，有利于科学共同体内的自我纠错和完善，从而提升了整体科学研究的质量水平。并且，科学家通过共享研究成果，推动技术转移和产业应用，使科技真正服务于经济发展、环境保护、医疗健康等多个领域，实现了科学技术造福人类的目标。

此外，合作共享还是科学伦理和科学家社会责任感的体现。在日益全球化的今天，重大科学问题往往是全球性问题，需要全球科学家共同面对、携手解决。科学家在追求真理的同时，应有责任将知识成果传递给更多人，让全人类共享科技进步带来的福祉，实现真正的公平公正。由此可见，合作共享既是科学发展的内在需求，也是科学家履行社会责任的重要方式，它凝聚了科学探索的合力，促进了知识的传播与更新，加速了科技向生产力的转化，彰显了科学家胸怀天下、以人为本的精神风貌，因而被公认为科学家精神的集中体现，同时也是构建人类命运共同体的必然要求。

● 二、科学家精神的基本特征

科学家精神是科学研究的核心动力，要求科学家具有极强的求真务实精神。著名物理学家杨振宁在粒子物理学领域追求真理，与李政道共同提出宇称不守恒理论并获得诺贝尔物理学奖，他们的研究不仅颠覆了当时的传统观念，更推动了现代物理学的发展。我们从中也可以认识到，科学家精神还要求具备探索创新的勇气和决心。如屠呦呦在艰苦的条件

---

① 刘钰. 标准模型与欧洲大型强子对撞机 [J]. 内江科技，2010，31（9）：26.

下，坚持不懈地从我国传统医学中寻找灵感，最终发现青蒿素，并因此荣获诺贝尔生理学或医学奖，展现出面对未知敢于挑战、勇于突破的精神特质。[1]事实上，一系列科学家的范例，也让科学家精神的特征及轮廓更加清晰。特别是科学领域长期处于探究与实践的交替之中，只有真正保持始终如一的科学家精神，推动报国为民与个人追求、独立自主与学习借鉴、科学传承与科技创新等理念的统一，才能够在科学研究中获得成功，科学家精神成为科学家在科研道路上披荆斩棘、勇攀高峰的重要支柱。

（一）报国为民与个人追求相统一

在社会主义革命和建设阶段，科学家精神的显著特点体现在个人价值追求与国家民族利益的高度统一上。老一辈科技工作者们生动诠释了如何将"个人的小天地"融入"国家的大蓝图"，实现个人理想抱负与国家民族需求之间的和谐共生。有科学家曾经指出，作为科学领域的从业者，每个人都应有自己的理想和追求，但更为重要的是，要将这些个人目标自觉地服务于国家和民族的整体利益，并且能够做到二者的深度融合与实践。这意味着他们既要刻苦钻研、孜孜不倦地追寻科学真理，又要矢志不渝地为祖国和人民贡献才智与力量。这种态度被视为科学家正确的人生导向和社会责任感的有力证明。

同时，具备科学家精神的我国科学家，投身于自然科学事业，正是出于对祖国的深深热爱和对民族振兴的坚定信念，科学家精神不仅体现了科学家的责任担当，也深深地烙印着他们的爱国热忱和无私奉献的精神风貌。爱国主义精神在科学家精神的各个历史阶段中，始终占据着难以撼动的核心地位。老一辈科学家的个人成长轨迹，以及职业生涯的关键节点，无不深深地打上了报效国家、服务人民的烙印，使他们成为坚守初心、满载爱国热情的时代楷模。从他们的成长轨迹来看，无论是求

---

① 张俊华. 屠呦呦研究员获得国家最高科学技术奖 [J]. 天津中医药，2017，34（2）：73-74.

学时代的选择，还是在专业领域的深耕，再到肩负科研重任，每一个阶段都凸显了他们为实现民族振兴和国家繁荣而奋斗的决心。

个人追求，在这些科学家身上表现为他们在各个科学领域内设定的崇高目标和期望贡献，展示了他们作为科技从业者对卓越成就的不懈追求，也体现了他们所具备的科学探索精神、顽强拼搏品质，以及培养后继人才的无私奉献精神。由此看来，在宏观层面，老一辈科学家是怀揣着深厚家国情怀与初始使命，矢志不渝地投身于国家和民族事业的中华优秀儿女。而在微观层面，他们又是具有实事求是态度、致力于攀登科学巅峰，并不断拓展知识边界的卓越科技人。

早在硝烟弥漫的革命斗争岁月，我国众多科学家就以高度的责任感和使命感，时刻关注着祖国的未来命运与民族的发展出路。为了国家不再遭受列强欺凌，为了人民能够摆脱压迫重获尊严，他们早早立下宏愿，将科学作为救国、报国的重要途径，矢志不渝地追求和实践这一崇高理想。随着新中国的成立，他们满载着新生政权带来的自豪感和责任感，投入社会主义科学建设的大潮中，全身心致力于科技兴国、科技强国的宏伟蓝图，为我国科学技术进步和社会发展做出了重大贡献。

正如"水利泰斗"张光斗所言：我们活在这个世界上，得益于劳动人民的养育，有幸接受教育，享受着先辈们积淀的科技成果和社会文明，因此我们有责任回馈社会，服务于人民，并且应当竭尽所能，在科技领域和社会进步上留下我们的足迹，造福后人。这种老一辈科学家将个人价值寄托于国家利益之上，自我牺牲与奉献的精神风貌，正是他们将个体之"小我"融入集体乃至国家之"大我"的高尚情操的真实写照。他们不仅胸怀家国大业，还坚持将个人科研追求与国家需求相结合，始终遵循"民有所需，我必有所应"的原则，将报效祖国、服务人民的理念，深深镌刻在自己科研生涯的每一环节之中。

（二）独立自主与学习借鉴相统一

独立自主被视为中华民族精神的精髓与支柱，并作为立党治国的关键原则贯穿于科学事业发展的始终。在建设社会主义科学事业、推动尖端科技发展的进程中，独立自主理念发挥了不可替代的作用。同时，早期的科学家群体亦以实际行动践行这一理念，他们凭借坚忍不拔的意志，在科研道路上奋发图强，不断攀登科技高峰。在社会主义革命和建设时期，这种独立自主的精神力量不仅体现在方针政策制定上，也深深烙印在广大科研工作者的实际工作中，成为激励他们勇攀科学殿堂、推进国家科技进步不可或缺的精神内核。

尽管在新中国成立初期，我国得到了来自苏联等社会主义国家的技术支持和援助，但党和国家领导人以及众多科学家深刻认识到，外来援助并非长久之计，核心技术无法依赖购买、索要或坐等。对此聂荣臻曾提到：从科学发展的趋势来看，技术越发展，保密性也越强，别人即使给一些东西，也只能是性能次先进的东西，唯一的出路只有尽可能吸取国外先进成果，走自己研制的道路。① 为了实现真正强大，我国坚定地选择了独立自主的发展道路，专注于自主研发先进科技。毛泽东同志在倡导全民族向苏联学习的同时，反复强调自力更生的重要性，多次指示：中国革命和中国的建设，都是依靠发挥中国人民自己的力量为主。他鼓励广大科技工作者勇攀科技高峰，敢于独立思考、自主探索创新，坚决走科技创新之路。

此外，我国科技发展的一个重要方针就是积极借鉴和学习国际先进经验。鉴于当时中苏关系密切，我国遵循"一边倒"的外交政策，与包括苏联在内的社会主义国家建立了深厚的合作友谊，并借此机会广泛开展科学技术领域的交流互动。这一过程并非单向的技术援助，而是双方互学互鉴、互利共赢的实质性合作。据统计，在 1954 年至 1960 年，苏联对华技术转让显著，提供的技术资料占协议数目的 20％左右，派出的技术专家人数占协议数目的大约一半；同时，苏联也接纳了占协议数目的 50％的中国赴苏研究生及实习生，以及占协议数目的 80％的中方考察专家。我国也同样以开放的态度回馈合作，向苏联提供的技术资料比例达到协议约定量的 72％，并接受了占协议数目的 54％的苏联来华访问考

---

① 聂荣臻. 聂荣臻回忆录［M］. 北京：解放军出版社，1984.

察的专家。① 这一时期的中苏科技交流充分体现了相互尊重、平等互利的合作精神。尤其在中苏关系发生转折后，我国拓宽了国际合作视野，不仅与西方国家建立了民间科技交流纽带，还进一步深化了与亚非拉地区的科技合作和互动联系。数据显示，在 1962 年至 1966 年，我国向亚非拉地区派遣了总计 163 名科技人员，进行技术援助和经验交流，并接待了来自亚非拉地区的 63 位科技人员。实践证明，我国在科学事业的发展历程中，始终坚持独立自主，同时也积极融入全球科技合作网络，不断从对外交流、学习借鉴中汲取养分，推动科学技术的进步与创新。

（三）科学传承与科技创新相统一

在社会主义革命和建设阶段，科学家精神的重要标志之一是科技创新与科学传承的深度融合。对投身于科研领域的专家而言，无论是开创新局的科技创新，还是坚守传统的科学知识传承，都是他们作为科技界一员的基本职责和崇高使命。科学活动本质上是一个动态演进、不断革新且前后相续的过程，具有持久性、多元性和复杂性等特征。为了有效推动科学发展走向繁荣昌盛，必须确保科技创新与科学传承二者并驾齐驱，共同塑造科学事业的未来轨迹。在社会主义革命和建设阶段，老一辈科学家主动将科技创新与科学知识的传承相融合，从而塑造了中国科学界的一种宝贵传统。我国著名核物理学家钱三强曾说过，科学界最重要的好传统就是学术与道德的统一。善良、正直、谦逊、实事求是、永远进取与创新、热爱祖国、关心人类的前途等，这些就是一个优秀的科学工作者的基本品质。②

一方面，老一辈科学家在推进科学传承的过程中，格外注重科技创新元素的融入。鉴于新中国成立初期，科技人才匮乏且科研条件极其艰苦，不少科学家自觉地从专注于自身专业研究投身教育事业，致力于培

① 武衡. 服务与求索：武衡科技工作文选 [M]. 北京：科学技术文献出版社，1994.

② 钱三强. 钱三强文选 [M]. 杭州：浙江科学技术出版社，1994.

养国家新一代高水平科技人才。他们不仅在教学活动中强调对真理的探求和创新思维的培育，努力提升学生的理论素养与实践技能，还在日常言行中通过亲身示范和严谨教导，潜移默化地熏陶学生，帮助他们树立高尚品德、坚守科学伦理、形成严密学风，激发他们的爱国情怀与担当意识。

另一方面，老一辈科学家在推进科技创新实践中，具备坚忍不拔与无私奉献精神，生动诠释了他们在社会主义科学事业中作为"领路人"和"奠基者"的角色。特别是在 20 世纪五六十年代，为了满足国家填补科技空白、推动尖端科技发展的迫切需求，将"向科学进军"的号召落到实处，需要引导大学生进入各大科研机构，①作为高级科研人员的助手开展工作。尽管其中许多人在专业背景上并非完全对口，且经验及专业知识储备相对有限，但资深科学家们仍然采取类似于"师带徒""传帮带""强带弱"等培养模式，引导年轻的科研新秀共同探索科学前沿。②经此历练，年轻大学生不仅专业知识和技术技能得到大幅提升，更是在综合素质和能力上得到全面锻炼，最终逐渐成长为我国科学事业发展中的重要力量。

由此可见，科学家精神中最显著的特点，必然是科技创新与科学传承的紧密结合、互动共生和相互支持。新老科学家的具体呈现，证明该特点在当时科学家的工作实践中得到充分体现，成为该历史阶段科学家精神的核心特质，并对我国科技人才产生了深远影响，对后世科学家精神的延续与发扬也起到了关键的推动作用。

● 三、科学家精神的时代价值

科学家精神在不同的时代背景下，均具有符合其时代特征的深远价

①　许晶. 从"向科学进军"到"科教兴国"[J]. 科学管理研究，2005（5）：69-71，87.

②　丁俊萍，李庆.20 世纪五六十年代中国科学家精神及其价值 [J]. 思想理论教育导刊，2020（3）：66-72.

值。尤其是在当前全球化、信息化时代，科学家精神不仅激励着科研人员追求真理、勇攀高峰，更对国家科技创新战略的实施和社会整体进步具有重要意义。比如，在新时代下需要将科学发展与国家综合实力相衔接，不断在实践中壮大科研队伍，并使其在各自的领域之中发挥引领作用，通过内部探索、外部借鉴、交流融合等机制，实现我国在尖端科技领域的跃升。时代的发展也赋予了科学家精神鲜明的时代价值。

（一）促进国家综合实力增长

国家综合实力增长是国家振兴的象征，也是提升国家话语权的根本所在。我国在科学领域发展迅速，以几十年的时间跨越了西方发达国家的百年之路。这也让我们看到了科学技术在当代的重要地位。围绕中华民族伟大复兴的中国梦，必须进一步依托科学家精神的传承，通过对创新的不懈追求与执着实践，勇于挑战传统权威，不畏艰难险阻，不断探索真理，通过对科学家精神特质的延续与扩展，为科研人员提供无尽的动力源泉，激发他们强烈的好奇心和勇攀科技高峰的决心。

以"两弹一星"工程为例，这是我国在极端艰苦条件下，自主研制原子弹、氢弹和人造卫星的战略性举措，其成功背后凝聚了无数科学家夜以继日的辛勤付出、坚忍不拔的奋斗精神以及无私奉献的崇高情怀。面对当时国内外严峻的科技封锁和艰难的科研条件，科学家们毅然肩负起为国家安全筑起坚实屏障的历史使命，他们凭借对科学真理执着追求的决心和敢于创新的勇气，克服了一个又一个技术难关，最终取得了举世瞩目的成就。[①] "两弹一星"工程的成功，不仅提升了我国在核应用领域的地位，也极大地增强了国家安全防御能力。同时，推动了核能等技术的发展，为我国经济社会可持续发展提供了强大动力。

从科学家精神的内在作用来看，在互联网、人工智能以及量子计算等前沿技术领域，我国正在迅速崛起，这背后离不开广大科学家敢于颠覆既定规则、锐意革新的勇气。例如，中国科学家在超级计算机研发上

---

① 丁俊萍，李庆 . 20 世纪五六十年代中国科学家精神及其价值 ［J］. 思想理论教育导刊，2020（3）：66-72.

屡次突破国际技术封锁，自主研发出"神威·太湖之光"等高性能计算机系统，这正是科学家创新精神的生动写照。[①] 在航空航天领域，我国成功发射载人飞船、建设空间站以及实施探月工程等标志性成就的背后，无不蕴含着科研团队大胆设想、精心求证、不断创新的科学精神。[②] 在生物医药领域，科学家们凭借卓越的创新意识，不断解决生命科学领域的复杂问题，推动了整个行业的飞跃式发展。

依托科学家所孕育的科学家精神，国家产业技术水平得到了有力提升，还催生了一系列新兴产业和经济增长点，如新能源、新材料、生物科技等，成为拉动国家经济发展的重要引擎。同时，在科学家精神引领下的科技创新，为产业升级提供了强大支撑，促进了产业结构优化，使国家在全球经济竞争中占据了更加有利的地位。因此，科学家精神不仅是科学技术进步的灵魂，更是提升国家整体经济实力和社会发展水平的关键驱动力。

（二）凝聚广大科研人员力量

科学家精神在传承与实践过程中，展现出了强大的凝聚力。虽然科学没有国界，但科学家是有祖国的。长期以来，我国科学家始终怀着对祖国的深厚情感和归属感，不论身处全球何处，甚至个人命运始终都与国家的进步紧密相连。在任何时期，众多海外科学家都心系祖国，他们满怀报效国家的理想回归故土，以无比坚定的决心和毅力，在艰苦条件下成为社会主义科学事业的先驱者和开拓者。科学家身上的爱国情怀和奉献精神，不仅极大地满足了广大科技工作者对于精神追求的需求，而且成为一条凝聚人心的精神纽带，将广大科研人才团结在一起，共同构筑起推动科学事业发展壮大的坚实力量。

在我国科学技术发展的早期，面对如何选择研究方向的问题，当时的科技工作者深受科学先驱的影响和激励，他们自觉肩负起填补我国

---

①　漆锋滨."神威·太湖之光"超级计算机系统［J］.中国计算机学会通讯，2017（10）：16-22.

②　庞之浩.中国嫦娥探月工程之路回眸［J］.科学，2021，73（4）：12-16，4.

科技空白、提升国家科技实力的历史重任，矢志不渝地为奠定和发展社会主义科学事业贡献着自己的力量。俞鸿儒在回忆恩师郭永怀时深情地提到，在他们这批研究生与郭永怀初次会面之际，郭永怀明确表达了他回国的初衷，即为了回馈祖国，为中国科学事业的奠基工作做出贡献。① 尽管当时国内科研环境和设施条件相对落后，但郭永怀坚信夯实基础是最为关键的任务。为此，郭永怀不仅亲身实践，而且寄语后辈们要有成为"基石"的觉悟，投身于我国力学学科等薄弱领域。实际上，这番深刻的话语对俞鸿儒等学生起到了极大的激励作用，激发了他们矢志不渝的决心，鼓舞着他们在日后的科研生涯中勇闯中国力学研究的"无人区"。

另外，在面对科研领域的未知时，老一辈科学家展现出卓越的智慧以启迪团队。当遭遇挫折与失败的困境时，他们凭借强烈的责任意识和团队凝聚力，迅速提振士气，再次凝聚起队伍力量，继续攻坚克难。比如，1962年"东风二号"导弹发射试验遭受挫折后，作为项目领头人的钱学森，并没有在第一时间对失误进行归咎，而是迅速奔赴试验现场，发挥其作为科研团队核心的作用，组织大家全面排查问题、深入总结经验教训，从而使科研团队能够在经历失败之后迅速振作，并矢志不渝地为实现"东风二号"导弹的成功发射而持续奋斗。

（三）发挥科学领域榜样作用

在科学家精神之中，对真理的不懈追求和对科学研究的严谨态度，都具有显著的引领与示范作用。广大科学家在实践中，始终坚守实事求是的原则，不畏艰难险阻，敢于挑战权威和已有的认知边界。如钱学森、邓稼先等老一辈科学家，在"两弹一星"工程中，克服了极其艰苦的条件，实现了从无到有的科技突破。这种精神对于后来者而言，是一种强有力的鼓舞和激励，促使科研人员秉持求真务实的精神去探索未知、勇于创新。科学家通过不断探索和实践，验证科学理论并推动科技进步，他们的成功案例也将成为后来者的参照点和努力方向，

---

① 张涤生，等. 共和国院士回忆录（二）[M]. 上海：东方出版中心，2012.

鼓励更多的科研工作者投身于基础研究和应用技术研发，为国家和社会创造价值。

同时，在倡导道德伦理与社会责任感方面，科学家精神体现出对科学伦理的高度尊重，以及对社会福祉的责任担当。比如，生物学家屠呦呦发现青蒿素并因此获得诺贝尔生理学或医学奖，不仅展现了她个人的科研才华和毅力，更体现了科学家关注民生、服务人类健康的高尚情操。可见，科学家不仅是知识的创造者，也是社会价值观的传播者和践行者，他们的行为规范影响着整个科研界的风气，并成为其他行业学习的典范。此外，科学家精神中还包含卓越的团队领导能力。例如，物理学家丁肇中在大型正负电子对撞机（LEP）项目及 AMS 计划中，不仅展现了他的科技创新能力，更是凭借其卓越的团队协作能力，带领国际团队共同攻关，为后辈树立了组织协调、高效合作的榜样。[①]

我们应注重传承科学家精神，引导学生养成良好的学习习惯、树立正确的人生观和价值观，从而为中国乃至全球的科学发展储备力量。尤其是科学家精神以其在科研实践中的求真务实、创新进取、道德伦理和社会责任感，以及在团队建设和人才培养上的独特贡献，发挥着榜样作用，激励和引领着更多人投入科学事业，共同推动科学技术的进步与发展。

（四）规范当代作风学风建设

科学家精神的核心要素之一是追求真理、实事求是。科学研究的本质是对未知世界的探索及对现有理论的验证与突破，要求科研人员以严谨的态度对待每一项研究工作，不造假、不抄袭、不浮夸，确保研究成果的真实性与可靠性，而这种精神对于遏制学术不端行为，倡导良好科研风气具有决定性影响。老一辈科学家如竺可桢、李四光等，以身作则，坚持科学实践，用实际行动诠释了求真务实的精神内涵，为后人树立了严谨治学的典范。另外，科学家精神强调勇于创新、敢于挑战权威，能

---

① 陈坤明. 丁肇中论科学实验者的个性品格［J］. 科技管理研究，2009，29（1）：282-284.

够激励科研人员打破思维定式，追求原创性和独特性。在当今科技竞争日益激烈的背景下，唯有不断追求创新，才能保持学术界的活力和竞争力，推动科技进步和社会发展。科学家身上所具备的勇攀高峰的决心，以及在面对挫折时不屈不挠的毅力，都将成为提高学风建设的质量和水平的关键因素，从而引领整个学科向前迈进。

在作风方面，科学家往往淡泊名利，专心致力于科研工作。比如，谢希德拥有麻省理工学院博士学位的背景，当她刚加入复旦大学时，仅被委任为讲师。1956 年评定职称之时，尽管她学术造诣深厚，但由于当时教授职位名额有限，校党委出于多方面考虑，没有立即授予其教授头衔。然而，谢希德对此并未心存芥蒂，反而始终满腔热情地投入科学研究与教育工作。她的学生王迅回忆起此事时曾指出，在当时的复旦大学，谢希德的生活态度和职业操守，成为全体教师学习效仿的对象，每当有新教师入职时，学校都会强调应当像谢希德那样对待荣誉和利益，将个人得失置于国家和人民事业之后，以实际行动践行一名优秀科学家应有的高尚情操。①

在学风上，科学家为众多科技工作者树立了崇高的典范。以核物理学家于敏为例，在"两弹"研发过程中，曾与于敏共同参与该项目的胡思得深感钦佩地表示，于敏不仅在科技领域展现出卓越才能，更难能可贵的是他坚持真理、言行一致的人格魅力，对胡思得及其他同事产生了深远的影响。他强调："从于敏先生身上，我深刻领悟到无论面对何种情况，我们都应当具备追求和捍卫真理的勇气与信念。"②彼时，许多年轻的科技人才在老一辈科学家的引导下，传承和发扬了这些前辈们严谨务实、一丝不苟的优良学风。

（五）引领世界科技强国目标

习近平总书记指出，爱国精神是首要的，创新精神是科学研究最鲜明的禀赋，求实精神是科技发展进步的原动力，奉献精神成就科学家高

① 张涤生，等. 共和国院士回忆录（二）［M］. 上海：东方出版中心，2012.
② 总装备部政治部. 两弹一星——共和国丰碑［M］. 北京：九州出版社，2001.

尚人格风范，协同精神是经济全球化时代之必需，育人精神则关乎科技事业长远发展。科学家精神在培养科研人才、推动技术创新、优化科研环境及促进国际合作等方面发挥着至关重要的作用，是中国迈向世界科技强国进程中不可或缺的精神支柱和内在动力源泉。只有大力弘扬科学家精神，才能更好地凝聚科研力量，实现关键技术的自主创新，从而在新一轮科技革命和产业变革中抢占制高点，将我国打造成为世界科技强国。

首先，面对国际科技竞争日益激烈的态势，科学家们以敢于质疑、打破常规的勇气，不断开拓新的研究领域，解决制约国家发展和人类福祉的关键技术难题。比如，中国航天科学家成功发射载人飞船、建设空间站等重大工程，为提升国家整体科技实力贡献力量。其次，科学家精神倡导资源共享和协同攻关，通过跨学科、跨领域的联合研究，有效提升了科研效率和成果质量。老一辈科学家如钱学森、邓稼先等人回国后带领团队，克服重重困难，完成了"两弹一星"等重大科技任务，形成了强大而持久的科研合力。

在全球化的背景下，科学家不仅要有独立自主的研究能力，还要具备广泛的国际合作意识，善于借鉴他国先进经验和技术，共同推进全球科技事业的发展。近年来，中国科学家积极参与国际大科学计划，与各国开展广泛深入的科研交流与合作，等等，表明中国科学家已拥有开阔的全球视野和兼收并蓄的能力。[1] 另外，除了引以为傲的航天领域发展成就外，我国在量子通信方面也取得了全球领先的地位，如成功发射了世界首颗量子科学实验卫星"墨子号"，并在国际上首次实现千公里级基于纠缠的量子密钥分发，为构建全球化的量子通信网络奠定了基础。[2] 我国在 5G 通信、超级计算机等领域处于世界前列，华为、阿里等企业研发出

---

① 魏星. 平方公里阵列射电望远镜（SKA）[J]. 中国科技术语，2018，20（3）：79.

② 赖迪辉. "墨子号"与量子通信 [J]. 百科探秘（海底世界），2019（Z2）：28-31.

具有自主知识产权的高性能芯片及系统，在人工智能算法研究与应用方面也有诸多突破。随着我国科技政策的持续优化和完善，以及科研投入的不断加大，未来科学家们将在更多前沿科技领域取得突破，助力我国早日成为世界科技强国。

第三章

科学家精神的典范人物与榜样力量

　　科学家精神是人类科学发展的灵魂，是对知识的追求、对科学的热爱、对真理的执着、对创新的渴望以及对社会责任的担当。科学家精神的典范人物以自己的榜样力量，影响着一代又一代的年轻人，激发他们投身科学研究的热情。通过科学家精神的典范人物的行为、言论和成果，传递着科学家的精神品质和价值观。这种力量具有强烈的感染力和示范作用，对于培养青年科学家的道德品质、学术素养和创新能力具有重要意义。同时，科学家精神的典范人物也是我们学习的楷模及追求科学真理道路上的灯塔。在新时代背景下应弘扬科学家精神，以榜样的力量激励年轻人为实现中华民族伟大复兴的中国梦贡献力量。

● 一、邓稼先："两弹一星"元勋

　　1986年7月29日，一位为中国核事业鞠躬尽瘁、死而后已的科学家在北京去世，他就是被誉为"两弹元勋"的邓稼先。他的一生充满了传奇色彩，他的事迹震撼着中国人民的心灵。让我们重新翻开历史的篇章，回顾这位伟大科学家的生平，感受他那爱国主义的伟大情怀。著名地球物理学家黄大年曾这样说道："看到他，你会知道怎样才能一生无悔，什么才能称之为中国脊梁。当你面临同样选择时，你是否会像他那样义无反顾?"① 他以此言致敬自己的偶像，字里行间的灵魂一问惹人深思，他的偶像正是我们无数中国人为之自豪的"两弹元勋"邓稼先。当得上"一生无悔""中国脊梁""义无反顾"这几个词的人屈指可数，而邓稼先毫无疑问是其中之一。

（一）少年时光，磨砺志气

1924 年 6 月 25 日，邓稼先出生于安徽省怀宁县的一个书香门第家庭，他的父亲邓以蛰主要在清华大学任教，母亲王淑蠲是一位典型的贤妻良母。在家庭的熏陶下，邓稼先自幼便立志为国家做出贡献。邓稼先的父亲邓以蛰，在海外深造后选择回国，先后在清华大学等高等学府任教。他为儿子取名为"稼先"，这个名字蕴含着深厚的文化内涵和寄予的期望，正如"禾之秀实为稼"意指希望其如同苗壮成长的禾苗，深深扎根于中华大地，并最终结出丰硕果实，造福广大民众。不到 1 岁的小稼先被带到北平（现北京）与家人团聚，5 岁时开始在北平武定侯小学接受启蒙教育。除了正规学校的学习之外，父亲还特意安排他在私塾陆老先生处接受传统文化熏陶，研读《左传》《论语》《诗经》《尔雅》等中国古代经典著作。

深受东西方文化熏陶的父亲坚信，让孩子从小接触中国传统文化大有裨益。秉持中西合璧的教育理念，邓以蛰不仅要求邓稼先熟读四书五经等国学经典，还鼓励他阅读世界文学巨匠的作品，如莫泊桑、屠格涅夫、陀思妥耶夫斯基等人的小说，让幼年的邓稼先得以拓宽视野，汲取多元文化的滋养。同时，对于英语学习，父亲更是严格要求，亲自担当起邓稼先的英文启蒙老师，传授正确的学习方法，从而为邓稼先未来学术研究之路打下了坚实的基础。

在母亲王淑蠲的眼中，年幼的邓稼先是个充满活力的小顽童，他不仅热衷于放风筝、抖空竹这些传统游戏，甚至家中的茶壶、茶碗盖也成为他发挥创意的对象。他对弹玻璃球尤为痴迷，会用心计算角度、练习

① 科学家精神 邓稼先献身国防铸就辉煌 [J]. 现代中小学教育，2022（7）：后插 1.

手法，有时与小伙伴们乐此不疲地玩耍至深夜，当他带着满手黑乎乎的泥土回家时，自然免不了要接受母亲的一番"教育"。有一次，邓稼先随家人前往珠市口剧场观看杨小楼主演的《水帘洞》，在演出过程中，他全神贯注地跑到舞台前方观赏，双手托腮看得如痴如醉。当猴王表演翻跟斗时，他激动得忘乎所以，不慎将前排观众的瓷茶壶碰落在地，引来全场瞩目。回到家中，等待他的依然是母亲的责备。

尽管邓稼先表现出活泼和淘气，但他骨子里是一位淳朴守规矩的孩子。有天晚上，放学许久仍不见他回家，母亲便让大姐先去找他，结果发现他独自一人背对着学校的砖墙站立，原来是因为他在和同学们嬉戏时，不小心打碎了教室窗户的玻璃被老师罚站，即使无人监督，他也始终坚守着面壁思过的惩罚，表现出了诚实自律的一面。在邓稼先的少年时期，已然展现出了非凡的才华和精神，他在学习上一直名列前茅，尤其对数学和物理产生了浓厚的兴趣。他在自述中曾说："我从小受的教育就是要为国家做出贡献，这是我一生的追求。"

（二）投身物理，报效国家

1935年，年少的邓稼先成功考入了志成中学，在那里度过了短短一年的学习时光。然而，为了追求更全面和高质量的教育，他在初二那年转学至崇德中学，这是一所强调英文教学的教会学校。得益于自幼时起父亲对他英文能力的悉心培养，邓稼先在这个新环境中如鱼得水。与此同时，在数学与物理学领域，他得到了来自高两届的同学杨振宁无私的帮助与指导，这种同窗情谊对他后来的发展产生了深远的影响。

1937年，"七七事变"犹如一道晴天霹雳，深深震撼了邓稼先的心灵，面对国家的危难时刻，他不再仅限于书本知识，而是开始与一些怀揣激进爱国思想的同学汇聚一堂，共同探讨民族命运和国家前途，他们潜心研读那些被伪政权严禁流通的思想著作，使得邓稼先的思想日渐活跃且充满觉醒意识。那时，每当日本侵略者侵占我国一座城市，都会强迫市民尤其是学生们举行庆祝活动，以彰显他们的所谓胜利。有一次，在这样屈辱的情境下，邓稼先再也无法压抑内心的愤怒，他毅然决然地撕碎手中象征敌军嚣张气焰的纸旗，并愤慨地将其践踏在脚下。尽管当时那些附敌势力只注意到有人掷弃了旗帜，尚未能辨明此举出自何人，但这一举动无疑昭示着邓稼先无畏的抗争精神。

然而，这件事终究未能逃脱别有用心之人的关注，学校校长由于是邓稼先父亲的朋友，便迅速将此事通报至邓家。为了保护邓稼先，父亲决定让其大姐邓仲先带着弟弟前往大后方昆明避难。临行之际，父亲神情庄重、语重心长地对邓稼先说："孩子，从今以后你要立志学习科学，因为科学能够真正服务于国家，救国兴邦。"这句话如同箴言一般深深地刻在了邓稼先的心中，自此成为他矢志不渝的座右铭，引领着他走上了为国家科技事业做贡献的道路。

（三）义无反顾，全力报国

1941 年，邓稼先进入西南联合大学学习物理学。在这里，他结识了一大批优秀的同学，如杨振宁、李政道等，他们共同探讨科学问题，共同追求国家的繁荣富强。1948 年 10 月，邓稼先赴美国普渡大学物理系学习深造。1949 年 10 月 1 日，新中国成立，彻底唤醒了邓稼先心中强烈的爱国情怀，他毅然决定尽早结束海外求学生涯，投身于建设祖国的伟大事业中。在这一信念的驱动下，邓稼先展现出非凡的决心和毅力，在短短两个月内完成了博士论文的研究与撰写工作，以实际行动践行了他的归国决心。

令人惊叹的是，仅用了一年多的时间，他就顺利取得了美国普渡大学博士学位，成就了一个学术界的传奇佳话，那时年仅 26 岁的邓稼先因其年轻有为而被尊称为"娃娃博士"。就在取得博士学位后的第九天，邓稼先毫不犹豫地踏上了驶向中国的威尔逊总统号轮船，满载着知识与对未来的憧憬，在 1950 年的国庆前夕，这位年轻的学者带着拳拳报国之心重新回到了久违的祖国的怀抱。他的行动充分体现了中国知识分子的崇高精神，"苟利国家生死以，岂因祸福避趋之"，这是他对祖国无尽忠诚的真实写照。

1950 年，回到祖国后的邓稼先，第一时间投入科研工作，首站便是在中国科学院近代物理研究所担任助理研究员。他专注于原子核理论研究，以此为基础，开启了为中国原子能科学和国防现代化事业而奋斗的征程。1958 年，邓稼先被国家秘密委任为我国原子弹理论设计的总负责人，面对这一重任，他向妻子许鹿希深情表白："我将全身心投入到这项关乎未来的工作中去，只有做好这件事，我的生命才有了意义，即使为此付出生命的代价也在所不惜。"随后，邓稼先便开始了长达 28 年的隐秘征程。[①]

（四）"两弹元勋"，荣誉等身

在漫长的 28 个春秋，邓稼先选择了在偏远荒芜的戈壁沙漠中默默耕耘，他的名字与身份对公众来说成了一段空白。其间，他亲历了 32 次核试验的惊心动魄，亲自指挥了其中至关重要的 15 次试验工作。有一次，在进行空中投放核弹的试验时，意外发生了，核装置因降落伞未能顺利打开而直接坠地，未被引爆。面对这样的紧急状况，邓稼先并未犹豫，他无视同事们的强烈劝阻，只身奔赴事故现场。他低下头，弯下腰，以无比专注的态度仔细搜索和勘查，全力以赴地寻找那枚失落在茫茫戈壁中的核弹落点……正是邓稼先这种舍小家、为大家，不顾个人安危与得失的科学家精神，使他成为中国核武器理论研究的奠基者之一。

1964 年 10 月 16 日，中国第一颗原子弹爆炸成功。1967 年 6 月 17 日，中国第一颗氢弹也爆炸成功，邓稼先为国家的核事业立下了赫赫之功。邓稼先的科研成果获得了国家自然科学奖一等奖、国家科技进步奖特等奖。他被誉为"两弹元勋"，成为全国人民的骄傲。邓稼先的一生充满了荣誉和掌声，但他始终保持低调，默默奉献，始终站在核武器研究的第一线，为祖国的国防事业付出了全部心血。他不仅注重科技试验，还格外注重对科学理论的及时梳理和总结，他和周光召合写的《我国第一颗原子弹理论研究总结》，成为核武器理论设计开创性的基础巨著。

邓稼先于 1986 年 7 月 29 日因病逝世，享年 62 岁。他虽然已离我们远去，但他的精神永远激励着我们，永远照耀着中华民族前进的道路。作为一名伟大的科学家，一个忠诚的爱国者，他的一生充满了艰辛和挑战，但他始终坚定信念，为祖国的繁荣富强不懈努力。对于新时代的科

---

① 徐恒足. 邓稼先的追求［J］. 前线，2009（11）：60.

学发展而言，愿我们将他的精神永存于心，为实现中华民族伟大复兴提供激励与动力。

● 二、钱学森：中国航天事业奠基人

"在他心里，国为重，家为轻，科学最重，名利最轻，五年归国路，十年两弹成。"钱学森不仅为中国国防尖端科技做出了巨大贡献，也给中国留下了宝贵的精神财富。钱学森说："我作为一名科技工作者，活着的目的就是为人民服务。如果人民最后对我的工作满意的话，那才是最高奖赏。"① 他在主持创建中国科学院力学研究所期间，以技术科学的理念为核心，构建了涵盖各专业领域的学科团队，并积极推广学术民主氛围，倡导无论资历深浅，在科研探索上应保持平等交流的态度。

（一）成长之路

钱学森 1911 年 12 月出生于上海，祖籍浙江省杭州市。钱学森从小就对科学技术产生了浓厚的兴趣。钱学森在 3 岁时就拥有了非凡的记忆力，能背诵上百首唐诗宋词，还能用心算加减乘除，大家称他为"神童"。5 岁时，他已可读懂《水浒传》，他对爸爸说："英雄如果不是天上的星星变的，那我也可以做英雄了。"爸爸说："你也可以做英雄。但是，必须好好读书，努力学习知识，贡献社会"。

在他的小学阶段，男孩们热衷于用废纸折叠并投掷飞镖进行游戏。其中，钱学森每次都能以显著的优势脱颖而出，他的飞镖不仅飞行距离最远，而且精准度极高。同学们对此感到不解和不服气，于是纷纷捡起他制作的飞镖，仔细研究后发现，钱学森所折的飞镖构造独特，其边缘分明、结构规整，因此在飞行过程中受到的空气阻力较小。更令人惊讶的是，他在投掷时还能够巧妙地利用风向与风力，从而确保飞镖每次都能达到最佳的投掷效果。小小年纪的钱学森对飞镖制作与投掷技巧的理

---

① 顾基发.钱学森对中国系统科学的贡献［J］.西安交通大学学报（社会科学版），2019，39（6）：1-5.

解，竟蕴含着一定的空气动力学原理，这一事实不仅让同学们大感惊奇，甚至连老师也为之赞叹不已。如此深厚的洞察力和实践智慧，在钱学森这样一个稚嫩孩童身上得以体现，无疑预示着他未来将会在科学领域展现出卓越的才华。

1934 年，钱学森从国立交通大学（上海本部）毕业，同年考取清华大学留美公费生。1939 年，他在美国获得航空和数学博士学位。在美国学习研究期间，钱学森与他人合作完成了《远程火箭的评论与初步分析》，奠定了他对导弹和探空火箭的理论基础。

（二）曲折归途

"我一直相信，我一定能够回到祖国的，今天，我终于回来了!"这是钱学森从美国回来时，对接待他的人所说的一句话。① 在美国生活期间，当他得知1949 年 10 月 1 日新中国成立，五星红旗在天安门广场上空首次飘扬之时，他心中便燃起了强烈的归国决心，立志要尽早回到祖国，用自己的专业知识和技术为新中国的建设与发展贡献力量。钱学森回国的道路是艰难的，而他心中所萌发的强烈归国愿望，让他的内心无比坚定，他愿意用自己的专长为国家建设服务。

钱学森决定向美国海军次长金布尔表明自己即将启程回国，金布尔听闻后感到极度震惊。他认为钱学森的价值无比巨大，直言道："无论钱学森身处何处，其作用堪比五个整编师。"他甚至情绪激动地喊出："我宁愿将他枪毙，也不愿让他离开美国去往其他国家!"美国人之所以对钱学森回国之事反应如此强烈并急于阻止，原因在于他们深知钱学森是一位不可多得的人才，他的知识和能力一旦为中国所用，极有可能对美国构成威胁。金布尔秉持着一种阴暗的思维逻辑："美国得不到的，也不能让其他任何国家拥有。"于是，他立即指示美国司法部移民规划局禁止钱学森全家离境，并且美国海关也遵照指令扣留了钱学森的所有物品。

---

① 何志敏. 钱学森伦理思想研究［J］. 西安交通大学学报（社会科学版），2014，34（2）：108-114.

更为严峻的是，美国联邦调查局随后对钱学森采取了非法拘留行动，将其送至美国司法部移民规划局看守所进行关押。若非钱学森昔日的老师与校友们竭力相助，恐怕他要重获自由将面临极大的困难。然而，自那以后，钱学森也并未真正获得自由，他持续遭到美国司法部移民规划局的压制和迫害，行动自由被严格限制，并时刻处于特务的监视之下，不允许离开洛杉矶地区，还需定期接受盘问审查。其间，钱学森失去了整整 5 年的个人自由，为了实现回国的愿望，他付出了极大的代价。

然而，逆境中的钱学森对祖国的热爱之情却愈发炽热，他无时无刻不在思念着新中国，坚持抗争，反复向美国司法部移民规划局表达自己强烈的回国诉求。1955 年 6 月的一天，在机智地摆脱了特务的监视后，钱学森巧妙地利用香烟纸，在寄给在比利时的亲戚的信件中夹带了一封密信，最终该信成功辗转送到了周恩来总理手中。钱学森在信中向我国政府表达了他回国的决心和意愿。我国政府对钱学森的情况高度重视，周恩来总理亲自参与了钱学森回国的外交斗争。在周恩来总理的指示下，中国大使将钱学森渴望回国的这封信作为谈判的重要依据，迫使美国政府不得不批准钱学森返回中国的请求。经过一年的努力，1955 年，钱学森终于获得了回国的机会。

1955 年 9 月，钱学森携带妻子蒋英和一双幼小的儿女，踏上了返回祖国的旅途。他们乘坐的"克利夫兰总统号"轮船由旧金山启程，终于回到了他们朝思暮想的故土。

（三）壮志凌云

钱学森回国后，全身心地投入新中国的科技事业，他长期担任火箭、导弹和航天器研制的技术领导职务，为中国火箭和导弹技术的发展提出了极为重要的实施方案。在他的带领下，我国火箭导弹技术不断发展，取得了一系列重要的科研成果。同时，作为我国国防科技事业的主要领导者和技术总指挥，钱学森不仅承担着统筹全局的重大责任，还经常深入一线参与具体指导工作。

在进行导弹与核武器结合的关键发射试验阶段，为了确保万无一失的安全性，他倾尽全力。特别是面对导弹上成千上万的元器件，任何一个微小零件的故障都可能影响整个导弹系统的安全性，为此，他严谨细致到极致，采取列表的方式逐一排查所有可能出现问题的环节，包括晶体管、电位器、电容器、开关插座乃至螺钉螺帽等每一个细节。对于一位需要时刻关注战略层面技术决策的领导者来说，这种对细微之处的关注和把握实属难能可贵。在研究中，钱学森注重理论研究与实践相结合，带领团队进行了一系列的理论研究和试验，不断探索和改进火箭导弹技术。他们研究了气动力学、燃烧稳定性和飞行控制等方面的问题，为火箭导弹技术的发展奠定了坚实的理论基础。

在试验方面，钱学森组织了一系列的发射试验和飞行试验，通过收集和分析试验数据，不断优化和改进火箭导弹技术，这些试验活动为中国的航天事业提供了宝贵的经验和数据支持。在钱学森的带领下，研究团队取得了一系列重要的技术突破，成功研制出了中国第一枚近程导弹，并在此基础上不断发展和完善了导弹核武器和人造卫星等技术。

钱学森的故事是关于坚持不懈和克服困难的故事。无论是面对曲折的归国之路，还是在研究中遇到技术和资源挑战，钱学森都始终保持着坚定的信心和决心，不断克服困难，推动研究工作的进行，对中国航天事业产生了深远的影响。他的成就和贡献，将永远铭记在中国科技事业的发展历史上，激励着后来的科学家和工程师继续探索和创新，为国家富强和科技进步做出更大的贡献。

● 三、袁隆平："杂交水稻之父"

袁隆平是一位真正的农业耕耘者，他以坚定的信念和无畏的精神挑战了世界的权威。在作为乡村教师的早年时期，他就展现出了颠覆传统智慧的勇气，即使在他名满天下之后，仍然选择默默坚守田间地头，专注于稻田的研究与改良。[①] 他淡泊名利，如同一个质朴的农夫，播撒着智

① 杨博．伟业济世：国外媒体和民众怀念袁隆平［J］．青年记者，2021（11）：97-98．

慧的种子，收获的是人民丰衣足食的生活。他的毕生追求，就是用科技的力量让全球的人类远离饥饿的困扰。

袁隆平的一生充满了对祖国的热爱、对人民福祉的无私奉献，以及对人类命运的关注。他始终与中国共产党保持一致，共同践行服务人民、造福人类的理想。他不断追求创新，与时俱进，在科研道路上勇攀高峰，面对困难与挑战展现出无比坚忍的决心和毅力。同时，他严于律己、淡泊名利，以高尚的情操成为当代中国乃至全世界学习的典范。虽然袁隆平已离我们而去，但他的精神永远活在中国人民的心中，也永远镌刻在历史的记忆里。

（一）心系众生疾苦

袁隆平 1930 年 9 月出生于北平（现北京），1953 年毕业于西南农学院农学系。毕业后，一直从事农业教育及杂交水稻研究。1960 年，发生了严重的饥荒，一个个水肿病患者倒下了，袁隆平的五尺之躯也直接经历了饥饿的痛苦。袁隆平目睹了严酷的现实，他辗转反侧不能安睡，他想起旧社会，人民受统治阶级的剥削压迫，受战争的痛苦，缺衣少食，流离失所。如今人民当家做主，但仍未摆脱饥饿对人们的威胁。

于是，他决心努力发挥自己的才智，用学过的专业知识，尽快培育出亩产较高的水稻新品种，让粮食大幅增产，用农业科学技术战胜饥荒。袁隆平赞成这样一个公式：知识＋汗水＋灵感＋机遇＝成功。基于他对遗传学的深刻理解，袁隆平对试验田中出现的杂交水稻进行了细致入微的观察与严谨的数据分析。[①] 他不仅有力地证实了杂交水稻表现优异、与众不同，而且通过对其第一代后代的良好生长状况进行研究，充分揭示了水稻同样具有显著的杂交优势现象。

这一系列实验结果令袁隆平深信不疑：杂交水稻的研究领域蕴含着广阔而光明的发展前景。然而，杂交水稻的研发是一项世界性的难题，因为水稻作为雌雄同花且自花授粉的作物，难以像其他植物那样做到逐

---

① 谭良懿. 喜看稻菽千重浪——访中国工程院院士、杂交水稻之父袁隆平 [J]. 广东农业科学，2009（12）：5-7.

朵进行人工操作。为此，必须首先培育出一种雄性不育系稻株，且该稻株只能接受外来的花粉进行受精，这无疑是一个长期困扰全球农业科学家的棘手问题。面对这样的挑战，袁隆平并未退缩，反而勇往直前。他认为，要寻找用于构建雄性不育系的原始亲本，即自然突变产生的雄性不育系稻株，尽管这种稻株在自然界中难以寻觅，但他坚信其确能天然形成。因此，袁隆平矢志不渝地投入解决这一世界性难题的探索之中。

（二）勇于攀登高峰

1980—1981年，袁隆平赴美国任国际水稻研究所技术指导。1982年，他被任命为全国杂交水稻专家顾问组副组长。1991年，袁隆平受聘担任联合国粮农组织国际首席顾问。1995年，他当选为中国工程院院士。自1978年起，袁隆平先后担任过湖南省农业科学院研究员、湖南省政协副主席、国家杂交水稻工程技术研究中心天津分中心首席科学家等职务。袁隆平作为享誉全球的杂交水稻研究权威，是我国该领域的先驱者和引领人，在我国粮食生产及农业科学研究的发展进程中留下了不可磨灭的印记。

他的卓越贡献主要体现在对杂交水稻进行开创性的深入研究、广泛应用与大力推广上，这一系列成就不仅改变了我国的农业生产格局，也在全球范围内产生了深远影响。尤其是在20世纪70年代初，袁隆平及其团队，利用助手发现的天然雄性不育的"野败"，作为杂交水稻培育的核心材料，并发表了关于利用水稻杂交优势的重要理论，一举打破了世界范围内长期认为"自花授粉作物无法进行有效杂交育种"的固有认知。到了20世纪70年代中期，在袁隆平的带领下，科研攻关团队成功完成了三系配套技术的研究与实践，最终培育出了具有划时代意义的杂交水稻品种，实现了我国乃至全球杂交水稻研究的重大突破。

如今，我国种植的各种优质杂交水稻品种，已占全国水稻种植总面积的约一半，平均增产幅度高达20%以上。在此基础上，袁隆平进一步提出了两系法亚种间杂种优势利用的前瞻理念，这一理念被国家"863"计划采纳为重要研究项目。经过项目组科研人员数年的艰苦钻研，我国成功掌握了两系法制种的关键技术，并将此类杂交水稻品种推广到大面积种植中。目前，这类杂交水稻总种植面积约占水稻种植面积的10%，其生长表现及产量效益均展现出良好的态势。

（三）科学精神延伸

1997年，袁隆平在借鉴国际"超级稻"理念的基础上，创新性地提出了"杂交水稻超高产育种技术"的研究路径，并在试验田中取得了显著成效，亩产量逼近800公斤大关，且产出的稻米品质接近粳稻标准。这一成果引起了国际社会的高度关注和广泛认可，为解决大面积、大幅度提升水稻产量问题，提供了重要的理论和技术支撑。在全国农业科技人员的共同努力下，从1976年至1999年，杂交水稻累计推广种植面积达到了35亿多亩，共增产稻谷约3500亿公斤。

近年来，我国每年种植杂交水稻面积约2.3亿亩，占全国水稻总面积的约一半，其总产量则占据稻谷总产量的近六成。[①] 仅通过年增稻谷量，就可以满足大约7000万人口的粮食需求，同时杂交水稻还被推广到全球30多个国家和地区，其社会效益与经济效益十分显著。

袁隆平为了杂交水稻事业几十年如一日默默奋斗，他对祖国怀有深厚感情，是一位品德高尚的科学家。他的卓越成就和巨大贡献，在国内外产生了深远影响。他主持研发的杂交水稻技术是我国1979—1985年间1089项发明中唯一的特等奖，并且得到了联合国教科文组织、联合国粮农组织等多个国际机构颁发的多项荣誉奖励。

● 四、陈景润：中国数学界的标杆

陈景润的一生，是与数学难题不懈斗争的一生，也是无私奉献、热爱祖国的一生。他的故事激励着一代又一代的中国数学家不断攀登数学高峰，为祖国的科学事业贡献力量。1980年，陈景润当选中国科学院学

① 刘定富，尹合兴，应继锋．中国水稻百年育种的一些关键基因［J］．中国稻米，2022，28（2）：1-11.

部委员，这是对他科研生涯的极高肯定。在他去世后，人们依然记得这位数学家执着的研究态度、无私奉献的精神，以及他为国家、为科学做出的杰出贡献。陈景润，是中国数学界的骄傲，也是中华民族的骄傲，他的名字，将永远镌刻在数学史上，激励着后来者继续前行。

（一）从"怪人"到"神人"

陈景润于 1933 年 5 月出生于一个普通小职员家庭，由于家庭人口众多但父亲收入微薄，他们的生活境遇相当困窘。在这样的家庭背景下，陈景润自幼便感受到生活的压力，仿佛自己成为家庭的负担，并认为自己在这个大家庭中并不受待见。进入学校后，因为体弱多病，陈景润常常遭到同龄人的欺凌，这样特殊的成长环境塑造了他内敛寡言的性格特点，加上他对数学世界无比痴迷，使得他更倾向于独处深思，从而被周围人视为一个与众不同的"怪人"。

然而，陈景润最终选择了投身于数学研究这条充满挑战的人生道路，这一选择与沈元有着密切关系。正是在沈元的影响下，陈景润初次接触到了著名的哥德巴赫猜想，从那一刻起，他内心深处萌生了坚定的志向，矢志不渝地追求破解这道数学难题，誓要摘取数学皇冠上那颗璀璨夺目的明珠。[①] 1953 年，陈景润在厦门大学完成了学业，并留在校图书馆任职，尽管身处图书管理岗位，他始终未曾淡忘哥德巴赫猜想这一数学领域的重大挑战。随后，他决定将自己关于数学的论文寄给华罗庚审阅，华罗庚在阅读了陈景润的研究成果后，对其卓越的数学才华深感赞赏，并力荐他加入中国科学院数学研究所。自此，陈景润在华罗庚教授的指导下，开始了对哥德巴赫猜想的深度探索与攻克。

1966 年 5 月，全球数学界见证了一颗璀璨新星的升起。陈景润宣布证明了哥德巴赫猜想中的"1＋2"问题，这一壮举无疑引起了国际数学界的广泛瞩目。1972 年 2 月，陈景润进一步完成了对"1＋2"证明的修订工作，使得他的研究成果更加完善和坚实，他也成为数学领域的"神人"。更令人惊叹的是，有外国数学家在证明"1＋3"问题时，借助了先

---

① 王智涵.哥德巴赫猜想和陈景润［J］.中文信息，2018（12）：296.

进的大型高速计算机，而陈景润完全凭借纸笔和他超凡的智慧完成了这一壮举。他为简化对"1+2"证明过程所付出的努力，足足用掉了 6 麻袋的手稿纸，无疑是对这个问题最直观有力的诠释。1973 年，陈景润发表了具有里程碑意义的"陈氏定理"，被誉为筛法理论的光辉顶点。

（二）殊荣背后的不懈坚持

陈景润在学术生涯中荣获了多项重量级荣誉，包括全国科学大会奖、国家自然科学奖一等奖、何梁何利基金奖等。他的学术贡献得到了全球范围内的广泛认可和高度评价。1974 年国际数学家大会在介绍庞比尼获得菲尔兹奖的成就时，"陈氏定理"作为与其密切相关的重要成果被特别提及。1978 年和 1982 年，陈景润两度受到国际数学家大会的邀请做了报告，这在学术界是一项极高的荣誉。[①] 在 20 世纪 70 年代末 80 年代初，他曾多次访问欧美进行学术交流与合作。自 1978 年起，陈景润开始致力于培养博士研究生，为我国乃至世界的数学领域输送了优秀人才。

陈景润对数学的痴迷与热爱，已经达到了忘我境界，数学研究不仅占据了他生活的全部，更是他精神世界的支柱。尽管他并非天生奇才，却凭借超乎常人的勤奋努力和坚忍不拔的毅力，在数十年如一日的研究生涯中，投入超过 12 小时的日均工作时间，他的每一分成就都浸透着生命的付出。陈景润始终坚守信念，矢志不渝地进行数学研究，为我国数学学科的发展做出了不可磨灭的贡献。他的光辉事迹和无私奉献精神，在全国范围内广为流传，成为改革开放以来激励全国人民勇往直前、投身新时代长征的精神灯塔，并在一代代青少年心中树立起传奇英雄的形象，成为他们学习的理想楷模。

（三）国家利益高于一切

1978 年 3 月 18 日，陈景润作为中国知识分子中的卓越典范，出席了全国科学大会，并在会上受到高度赞扬。然而，面对这份本应属于他的

---

① 陈景润用生命换来成就 [J]. 少儿科技，2005（5）：16.

荣誉，陈景润却表现出了极为谦逊的态度，他推辞道："我只不过做了微不足道的一点小事，却被推上了主席台，这怎么可以，这怎么可以？"这句话淋漓尽致地展现了这位科学家身上崇高、谦逊的美德。

1979 年，陈景润接受了普林斯顿高等研究院院长沃尔夫博士的邀请，赴美开展工作。当面对外国同行们真诚挽留他长期在美国发展的建议时，陈景润婉言谢绝，并微笑着表示："我的国家的确十分落后，正是因为这样，我才应该回去为祖国服务。"在美国访问期间，陈景润经过数月的辛勤努力，完成了题为《算术级数中的最小素数》的论文，成功将已知的最小素数从 80 推进至 16，此成果受到了国际数学界的广泛赞誉。

回到祖国后，陈景润毫不犹豫地将自己在美国做研究期间节省下来的 7500 美元全部捐给了国家，展现了其高尚的爱国情怀与无私奉献精神。大家都说，他是个实实在在的大好人。他生活上的要求很低很低，与世无争，而在科学上的奋斗目标却很高很高，要在国际前沿为中华民族争得一席之地。

● 五、杨振宁：粒子物理领域的开拓者

杨振宁是享誉世界的中国科学院院士，并且在 1957 年与李政道共同获得诺贝尔物理学奖。[①] 回顾其学术历程，杨振宁于 1942 年毕业于西南联合大学；1944 年，在清华大学获得硕士学位；1945 年赴美深造；1948 年，在美国芝加哥大学获得哲学博士学位，并先后担任该校讲师及普林斯顿高等研究院研究员职务；1955 年，他晋升为教授。

杨振宁在科学领域的贡献堪称卓越，尤其是在粒子物理学、统计力学等领域，树立了诸多科学里程碑。20 世纪 50 年代，他与 R. L. 米尔斯共同提出了非阿贝尔规范场理论；1956 年，他与李政道携手提出了宇称不守恒定律，这是对传统物理学观念的一次颠覆性突破。提及杨振宁，人们或许更多关注的是他的生平经历和个人生活，对其科研工作的实质

① 朱亚宗. 诺贝尔物理学奖获得者杨振宁——成才、治学与情怀简论 [J]. 高等教育研究学报，2022，45（2）：55-64.

内容和深远影响却知之甚少。杨振宁之所以被尊称为伟大的科学家，其真正原因在于他在科学领域的突出贡献和深刻洞见。因此，应从科学成就的角度，重新解读杨振宁的伟大之处，了解他对于世界科学进步的重大意义。

（一）时势造英雄

杨振宁出生于书香世家，父亲是数学家杨武之，他从小就受到了良好的教育和浓厚的学术氛围熏陶，并展现出了过人的智慧与对物理学的浓厚兴趣。青年时期的杨振宁，在抗日战争烽火中辗转多地求学，先后就读于西南联合大学物理系等，师从我国著名物理学家吴大猷、王竹溪等人。他的学术生涯在战乱中起步，却并未因此而阻滞其科学探索的步伐。1944 年，杨振宁获得清华大学硕士学位，并于次年赴美深造，在美国芝加哥大学师从诺贝尔物理学奖得主费米教授，进一步拓宽了自己的知识视野和研究领域。

1956 年，杨振宁与李政道共同提出了宇称不守恒定律，这一革命性的发现，颠覆了物理学界对于宇称守恒定律的传统认识，他们也因此于次年获诺贝尔物理学奖，成为华人科学家首次获取这一世界最高科学荣誉的先驱者。这项成果不仅推动了粒子物理学的发展，也极大提升了中国科学家在国际上的影响力。除了科研成就，杨振宁在教育和人才培养方面同样贡献卓著。他曾在美国普林斯顿高等研究院、纽约州立大学石溪分校等多所知名学府担任教授，并积极促进中美两国之间的科技交流与合作。1986 年，杨振宁倡议并积极推动了"亿利达青少年发明奖"的设立，以鼓励和支持中国青少年投身科学研究。

（二）伟大的科研之路

时代广场车水马龙的繁华景象与故土截然不同。初到美国，杨振宁原计划跟随著名物理学家费米进行实验研究，但由于费米所参与的阿贡国家实验室的国防科研项目存在保密限制，作为外籍学者的杨振宁被拒之门外。在费米的建议下，他转向另一位物理学家泰勒，在那里从事理论研究。然而，在泰勒的指导下，他的研究之路并不平坦，连续更换了几个课题都未能取得突破性进展，加之内心对实验工作的热忱，杨振宁还曾尝试加入艾里逊实验室进行实验工作。

但事实证明，实验并非杨振宁的强项，甚至可以说他在实验操作上显得有些笨拙和生涩。当时流传着一个调侃的说法：只要有爆炸声响起的地方，就可能找到杨振宁的身影。这一系列挫折使杨振宁倍感沮丧，对科研生涯甚至人生目标产生了动摇。在此期间，他向身处英国爱丁堡大学的好友、同时也是西南联合大学同窗的黄昆倾诉了自己的困扰，黄昆在回信中给予了杨振宁极大的鼓励和支持。经历了实验领域的失败后，杨振宁再度回到泰勒身边。他尽管心有不甘，但最终还是接受了泰勒的建议，决定放弃原先从事实验工作的梦想，转而专注于理论物理的研究。这次转变对于杨振宁而言，无疑是人生中的一个重要转折点。

1948 年 6 月，他顺利取得了博士学位，并在同年秋季被聘为讲师。经过了初期的幻灭与困顿，杨振宁逐渐在物理学领域找到了自己的位置，事业开始步入正轨并逐步走向辉煌。普林斯顿高等研究院，以其对"象牙塔"理念的绝佳体现而著称，这一学术殿堂汇聚了诸多享誉全球的科学巨擘，如爱因斯坦、冯·诺伊曼等。该研究机构凭借其纯净且浓厚的学术环境，成为吸引世界各地年轻才俊的磁场，杨振宁也在其中度过了10 多年的黄金岁月，这段时间对于他而言，不仅是科研成果最为丰富、最为璀璨的阶段，也是个人生活上建立家庭与获得成就的重要时期。

杨振宁在物理学领域的卓越贡献中，尤其值得一提的是两项革命性的成果：一是与李政道共同提出的颠覆性的宇称不守恒定律，另一项则是同样具有里程碑意义的杨-米尔斯规范场理论，后者在 20 世纪后半叶深刻地塑造了物理学的发展方向。[①] 1953 年，纽约长岛布鲁克海文国家实验室，新建成当时世界上能量最高的粒子加速器，急需一位理论物理学家加盟，杨振宁接到了这份邀请。那年秋天，杨振宁携全家迁至布鲁克海文国家实验室，在一座由旧军事营房改造而成的公寓里开始了新的生

① 刘金岩，张柏春，吴岳良. 杨振宁：中美科技交流合作的推手 [J]. 自然科学史研究，2021，40（3）：374-386.

活。这里的环境宁静恬淡，他们住所四周环绕着郁郁葱葱的树林，一家人常常悠然漫步其中。每逢周末，他们驾车探访长岛各地，逐渐迷恋上了蒙托克角的大西洋海岸线、广袤的野林子公园，以及布鲁克海文国家实验室周边淳朴的民风和社区。

那时，在学术界中，有一位来自哥伦比亚大学的研究生罗伯特·米尔斯，他与杨振宁共用一间办公室。在那个共享空间里，杨振宁展现出了无私的精神，他将自己的创新思考与米尔斯进行了深入交流和探讨，两人迅速达成了合作，并共同提出了一个具有深远影响的理论，即杨-米尔斯规范场理论。该理论最初并未立即受到广泛关注，甚至一度遭受了包括著名物理学家泡利在内的质疑，认为其尚不成熟和完善。然而，随着时间的推移，杨-米尔斯规范场理论逐渐显现出其基础性和关键性地位，在实验验证与理论深化的过程中，它逐步发展成为20世纪物理学领域几个极重要的理论框架之一，确立了杨振宁作为一代物理学巨擘的地位。尽管这项开创性的工作未能直接为杨振宁赢得诺贝尔物理学奖，但它如同一块基石，支撑起了一系列后续的重大科学发现和发展。特别是电弱统一理论、量子色动力学以及粒子物理学的标准模型等现代物理学的核心成果，都建立在杨-米尔斯规范场理论的基础之上，间接催生了1979年、1984年及1999年的诺贝尔物理学奖得主们的突破性研究。

不同于在规范场理论方面的研究，杨振宁与李政道共同提出的另一项震惊科学界的成果，在提出后不久便因其颠覆性及迅速得到实验证实而赢得了诺贝尔物理学奖的认可，这就是1956年他们合作提出的宇称不守恒定律。而在数年前，几乎所有的物理学家都对空间反演对称性（即宇称守恒）是自然界不变的基本法则深信不疑。然而，杨振宁和李政道在论文中揭示，在许多尚未被充分检验的物理过程中，宇称守恒原理并未得到证实。他们创新性地提出了针对弱相互作用下宇称是否守恒的一系列实验条件，并设计了几种可能进行有效测试的方法。紧接着，吴健雄团队通过实施贝塔衰变实验，成功找到了宇称在弱相互作用下不守恒的证据。随后，全球范围内的其他物理学家也纷纷开展近百个不同的实验验证，结果均一致表明宇称在弱相互作用中确实不守恒。这一发现犹如一道闪电划破夜空，彻底颠覆了科学家们对于物质世界基本结构的认知，为困于迷雾中的物理学家开启了一扇全新的探索之门。

李政道较杨振宁稍晚一点进入芝加哥大学，在费米的指导下，于1950 年成功取得了博士学位。在此期间，两位学者即已展开了合作研究。1951 年的金秋时节，李政道又前往普林斯顿高等研究院，在那里度过了两年时光，并且与杨振宁一家成为比邻而居的好友。由于他们早期合作撰写的两篇关于统计力学的论文引起了广泛关注，二人有幸受邀与科学巨擘爱因斯坦会面。杨振宁曾回忆起那次激动人心的经历，坦言自己当时因为过于兴奋，以至于未能清晰地记住爱因斯坦所分享的内容。杨振宁与李政道携手并肩，共同合作 10 多年，其间硕果累累，成就斐然，令无数同行艳羡不已。①

（三）一生的重要贡献

杨振宁以其深远的学术眼光和卓越的社会影响力，积极推动中国科学技术的发展和高等教育改革。2003 年，杨振宁决定全职回中国工作，任教于清华大学，并参与创建清华大学高等研究中心，致力于培养新一代的顶尖科学家。② 他的一生都在物理学的广阔天地里不懈探索，为人类科学进步做出了巨大贡献。同时，他也是连接中美科技交流的重要桥梁，对中国乃至全球物理学界影响深远。他的精神激励着一代又一代的科研工作者勇攀科学高峰，追求真理，用智慧和勇气照亮人类文明前行的道路。

杨振宁同时是中国人心目中有关科学的象征和符号。他说："我一生最重要的贡献，是帮助改变了中国人自己觉得不如人的心理作用。"在很长时间里，很多人都在争论一个问题——中国古代究竟有没有科学？该问题提出之时，中国正面临救亡图存，急需建立和发展科学，跟上世界潮流，避免被淘汰。这个问题更深一层的暗示是，中国人到底是不是不

① 史密斯，李政道. 李政道访谈录 [J]. 科学，2011（6）：36-42.

② 厚宇德. 杨振宁科研理念及其师承溯源 [J]. 台州学院学报，2022，44（2）：1-7.

适合做科学？科学是不是就无法在中华文明中生根发芽？也许这样的争论可以继续下去，但现在恐怕没有人认为现在的中国没有科学、中国人不适合做科学。因为很早的时候，杨振宁就用事实做出了极为有力的回答。

 六、屠呦呦：中医药研究的杰出代表

屠呦呦，诺贝尔生理学或医学奖获得者，中国中医科学院终身研究员兼首席研究员，青蒿素研究中心主任，博士生导师。[①] 她多年从事中药和中西药结合研究，突出贡献是创制了新型抗疟药——青蒿素和双氢青蒿素。

2011 年 9 月，屠呦呦获国际医学大奖——拉斯克奖。2015 年 10 月，她因在医学领域的卓越贡献，获诺贝尔生理学或医学奖，成为首位摘取诺贝尔科学类奖项的中国本土科学家和首位华人诺贝尔生理学或医学奖得主。2017 年 1 月，屠呦呦被授予 2016 年度国家最高科学技术奖。2021 年 6 月 30 日，世界卫生组织正式宣告中国成功通过消除疟疾认证，标志着自 20 世纪 40 年代我国每年报告约 3000 万疟疾病例的情况，已彻底改变为零病例，这无疑是一项震撼人心的伟大成就。

（一）医学路上的追梦人

1930 年 12 月，她出生于浙江宁波。她的父亲给她取名为"呦呦"，源自《诗经·小雅》中的"呦呦鹿鸣，食野之苹"。屠呦呦自幼对医药学产生了浓厚的兴趣。随着年龄的增长，在阅读了大量的医学论著之后，她对医生产生了深深的敬意。她在一篇个人回忆文章中曾这样叙述："我越发觉得医生这一职业的伟大。治病救人，带给人新生，这样的善举，很让人感动。"1951 年，屠呦呦成功考入北京大学医学院药学系（现北京大学医学部药学院），专攻当时并不为人所青睐的生药学专业。

---

① 张俊华. 屠呦呦研究员获得国家最高科学技术奖 [J]. 天津中医药，2017，34（2）：73-74.

她深感生药学这一学科最有可能让她涉足底蕴深厚的中医药领域，与自己探索和传承中药文化的志向相契合。在大学阶段，屠呦呦勤奋学习，并在植物化学、本草学以及植物分类学等课程上表现出了尤为浓厚的兴趣。1955 年，屠呦呦顺利完成大学学业后，被分配到卫生部中医研究院（现中国中医科学院）任职。她全身心地投入中药生药研究、炮制工艺及中药化学分析等诸多方面的工作之中，开启了其为之奉献终身的科研生涯。①

尽管当时的中医研究院处于初创时期，面临工作条件艰苦、设备简陋以及科研人才短缺等问题，但党和国家提出的继承发扬中医药宝库、积极推动中医药事业发展的方针政策，成为包括屠呦呦在内的广大中医药工作者共同的精神支柱和努力方向，极大地鼓舞了他们勇往直前的信心和决心。

（二）挽救亿万人生命

疟疾作为一项全球性公共卫生问题，对人类生命健康构成了严重威胁。在 20 世纪 60 年代，随着氯喹抗疟药物效力减弱，疟疾卷土重来，给人类带来了深重的苦难。此时，屠呦呦响应国家号召，毅然接受了"523"项目办公室委托的一项艰巨任务，开展针对疟疾的防治研究工作。1969 年，身为实习研究员的屠呦呦被委以重任，担任了中药抗疟研究小组组长，带领团队致力于寻求新的治疗疟疾的有效途径和药物。

在系统梳理传统中医药典籍的过程中，屠呦呦精心编纂了一部收录超过 640 种疟疾治疗中药单方秘方验方的专著。面对青蒿提取物药效不稳定的挑战，她从东晋葛洪的《肘后备急方》中汲取灵感。书中记载的"青蒿一握，以水二升渍，绞取汁，尽服之"，激发了屠呦呦新的研究思路。据此，她对原有的提取技术进行了革新，采用乙醇冷浸法，在控制温度为 60℃的情况下萃取青蒿有效成分，使得提取出的青蒿制剂对于鼠疟模型的疗效显著提升。为进一步优化提取过程，屠呦呦团队随后尝试运用低沸点溶剂进行提取，这不仅使鼠疟模型上的药物效果更为显著，

---

① 华钟甫. 中国中医研究院简史 ［J］. 中国科技史杂志，1986（5）：47-58.

而且确保了药效的稳定性。

历经不懈探索与实验，屠呦呦团队终于在 1972 年成功发现了具有高效抗疟作用的青蒿素，这一重大发现成为人类抗击疟疾历程中的里程碑事件。在青蒿素被发现前，全世界每年约有 4 亿人次感染疟疾，至少有 100 万人死于疟疾。① 然而自 2000 年以来，在包括屠呦呦发现的青蒿素在内的各种防治措施下，全球死于疟疾的人数已经减半，充分彰显了屠呦呦及其科研团队在人类对抗疟疾斗争中的决定性作用。

（三）激励新一代科研人员

青蒿素的发现与研发，堪称人类对抗疟疾历程中的一个重大里程碑事件，并且是在喹啉类抗疟药物之后所取得的重大科研突破。屠呦呦强调，青蒿素的成功研制并非一人之功，而是当年研究团队共同努力、集体智慧的结晶。她认为，中国医药学如同一座无比丰富的宝库，而青蒿素正是从这座宝库中挖掘出的瑰宝。中西医两种医学体系各有优势，若能将二者有机结合、互补不足，必将释放更大的开发潜力，并展现出更为广阔的前景。"科学需要实事求是的态度。"这是屠呦呦始终坚守的原则。她进一步提出，只有深入理解并掌握青蒿素对抗疟疾的具体作用机制，才能更有效地发挥其药效。

此外，屠呦呦说："荣誉越多，责任越大，我们还有很长的路要走。"为此，屠呦呦将获诺贝尔奖所得的 400 万瑞典克朗（当时约合人民币 265 万元），全部捐赠于科研事业，以成立创新基金来奖励年轻的科研人员，她说："希望这能够对中国年轻一代科研人员起到激励作用。"

---

① 李芷莹，李文清，毕军霞，等 . 青蒿素纳米药物研究进展［J］. 吉林医药学院学报，2023，44（2）：135-137.

第四章

科学家精神的传承创新与教育实践

在中国共产党引领的中华民族伟大复兴进程中，科学家始终秉承着中华优秀传统文化，致力于传承知识分子深厚的家国情怀，矢志不渝地追求科学救国、报国、强国、兴国的初心与使命，不断弘扬着具备深厚民族底蕴的科学家精神。2019 年 6 月发布的《关于进一步弘扬科学家精神加强作风和学风建设的意见》，对科学家精神进行了明确阐释，要求"自觉践行、大力弘扬新时代科学家精神"①，标志着科学家精神得到了国家层面的高度认同。2020 年 9 月，科学家座谈会在北京召开，习近平总书记在会上鼓励广大科学家和科技工作者积极面向世界科技前沿、面向经济主战场、面向国家重大需求、面向人民生命健康，通过"四个面向"勇担时代赋予的历史重任。

在新时代发展背景下，科学家精神被赋予更丰富的内涵，包括爱国、创新、求实、奉献、协同、育人等时代元素。科学家精神实质上是对科学家智慧、品德和才能的高度凝练，也是科学家在长期科研实践中所积累的精神瑰宝。面对时代的变迁与精神的赓续，需要通过积极倡导并深入践行新时代科学家精神，营造更加优质的科学发展氛围，避免浮躁和草率行为，防止科学上的投机取巧，坚持诚信原则，激活科学精神意志

---

① 中共中央办公厅 国务院办公厅印发《关于进一步弘扬科学家精神加强作风和学风建设的意见》［EB/OL］.（2019-06-11）［2023-07-21］. https://www.gov.cn/zhengce/2019-06/11/content_5399239.htm.

传承的内在驱动力。同时，借助新时代教育事业发展契机，在历史变迁和时代演进的过程中，保持科学家精神核心内容传承的一致性，以及与时代脉搏紧密相连的独特性。

● 一、我国科学家精神传承现状与机遇挑战

事实上，科学家精神属于中国共产党人重要的精神谱系，尤其是对广大科技人员来说，要深刻理解和把握科学家精神所蕴含的理论逻辑及现实价值，在践行和推动这一伟大精神的过程中，始终保持清醒的理论认知，要胸怀国家民族大义，怀揣诚挚深厚的爱国情感，将个人学术追求自觉融入国家发展伟业，实现个人理想与国家目标的高度契合。

习近平总书记在科学家座谈会上的讲话中指出，科学成就离不开精神支撑。科学家精神是科技工作者在长期科学实践中积累的宝贵精神财富。① 这堪称科学家精神的最高标准，是党和国家领导人对科学家精神的最高概括，具有广泛的社会知晓度和学术影响力。科学家精神在新时代背景下，既面临着前所未有的机遇，也承受着诸多的现实挑战。从机遇来看，随着科技的快速发展，我国科学家在国际上的地位日益提高，为国家的科技进步和经济社会发展做出了巨大贡献。长期以来，我国科学家在追求科技创新的道路上，展现出了无私奉献、严谨求实的优良传统，他们甘于寂寞，勇攀科学高峰，为国家的科技事业不懈奋斗。例如，近年来我国在航天、高铁、5G 等领域取得的突破性成果，都离不开科学家们的辛勤付出和不懈努力。从挑战来看，面对日益激烈的国际竞争和日益严峻的科技环境，我国科学家精神也面临着一系列挑战。一方面，在当前的科技竞争中，我国科学家需要应对西方国家的技术封锁和遏制，这无疑对科学家的创新能力和精神品质提出了更高要求。另一方面，随着科技领域的商业化、市场化，一些科技工作者面临着利益诱惑，存在学术不端、道德失范等问题。据此，我们

---

① 罗卫红．科学家精神 九三人的践诺——学习习近平在科学家座谈会上的重要讲话精神有感 [J]．民主与科学，2021（1）：36-37．

要继续弘扬科学家精神，加强科学家队伍建设，为国家科技事业的不断发展注入强大动力。同时，还要关注科学家精神面临的挑战，采取有效措施加以应对，确保我国科学家精神得以传承和发扬光大，共同为实现中华民族伟大复兴而努力奋斗。

（一）我国科学家精神的总体状况

科学家精神的传承与发展，应当聚焦于当代高素质人才的培养领域，积极将科学家精神融入教育实践，依托科学家精神所蕴含的深厚底蕴，给予当代学生以充分的激励。如今，在时代发展与变革推动下，科学家精神逐步演化为中国共产党人精神谱系不可或缺的部分，并且是驱动我国迈向世界科技强国，实现中华民族伟大复兴的重要动力之源。[①] 尤其是我国科学家在实践中积淀了独特而珍贵的精神遗产，当代大学生作为人才培养的重点对象，也是承载国家未来科技进步重任的主力军，应肩负起实现中华民族伟大复兴的神圣使命，而这也是科学家精神永续传承中必不可少的重要一环。因此，在当前时代背景下，应将科学家精神深度融入社会教育体系，并将其视为一项重要课题。目前，科学家精神在教育实践中的融入，已经步入更深层次、更广范围，且展现出其应有的实践价值。

1. 老一辈科学家的形象日益深入人心

新中国的成立标志着民族的崛起，但那时，刚经历漫长战火的洗礼，国家正处在百废待兴的关键阶段。众多满怀雄心壮志的海外学子，怀揣炽烈的爱国热情和对美好未来的热切向往，将所学的科学技术知识倾囊相授，奉献于新中国的建设大业之中，极大地推动了我国科技体系的建立和完善，为我国科技自主自强之路奠定了坚实的基石。当时，新中国正处于特殊时期，国家资源短缺、技术水平落后、国防实力薄弱。越是在艰难的环境下，越能激发老一辈科学家的拼搏精神，他们义无反顾地

① 吴忠道，吕志跃，吴瑜. 建设国家级科学家精神教育基地的实践与思考 ［J］. 中山大学学报（医学科学版），2023，44（6）：901-902.

承担起开拓创新的历史重任。在几乎没有现成经验参照、没有前人足迹可循的条件下，他们以无比坚定的决心和勇往直前的信心，脚踏实地从零开始，在几乎是一片空白的科技领域里艰苦奋斗。他们秉持着敢为人先的精神气概和坚定不移的信心，紧紧追随世界科技发展的前沿趋势，矢志不渝地追求技术创新和赶超。他们凭借坚强的毅力与坚定的信念，在科技探索的道路上披荆斩棘，一步步开辟出一条专属于中国科技事业的发展路径，不仅深刻改变了我国的科技面貌，更有力提升了我国的整体国力，并在中国科技史上留下了不可磨灭的印记。

在早期科技创新的艰难历程中，涌现出众多杰出科学家，如钱学森、钱三强、邓稼先和华罗庚等，他们在自身所属的领域不断钻研，积极响应"向科学进军"的号召，经过长期的奋斗与拼搏，在祖国的辽阔疆域上成就斐然，为我国树立起一座座科技创新的里程碑，也成就了老一辈科学家的不世之功。相较于我国现代的科研条件，当时可以说是处于一穷二白的境地，各项条件远没有如今这般优越。但令人敬佩的是，这些科学家通过自己的行动，将他们的故事深深烙印在人们的心中，也让更多的国人记住了他们的英雄事迹。比如：

"中国航天事业奠基人"钱学森，师承世界著名航天工程学家冯·卡门，其归国之路饱经艰辛……

"两弹元勋"邓稼先，为了研制我国核武器，舍弃了优渥的物质待遇，虽有家却难回，有爱人却不能相伴左右……

"中国原子弹研究总指挥"钱三强，坚信科学无疆界而科学家有祖国，因此在国家急需之际勇挑重担，慧眼识英杰，汇聚人才共克难关……

"中国核科学领域的拓荒者"王淦昌①，默默奉献长达十余年，甚至隐姓埋名、远离尘世喧嚣，只为全身心投入报效祖国的伟大事业……

"空气动力学的杰出研究者"郭永怀，为推进"两弹一星"工程鞠躬尽瘁，不幸牺牲时仍紧紧护住珍贵的科研资料……

---

① 张莹，孙咏萍. 物理学家王淦昌的科学人生［J］. 物理教师，2020，41（2）：78-80，83.

"杂交水稻之父"袁隆平，胸怀禾下乘凉的梦想，创造出难以计量的价值，但始终保持着简单朴素的生活方式与勤俭节约的精神品质……

我国的科学发展史是一部伟大的奋斗史，正如朱熹诗中所说："半亩方塘一鉴开，天光云影共徘徊。问渠那得清如许？为有源头活水来。"我国老一辈科学家做出的卓越贡献，让更多人真正了解了科学的意义与价值，他们为国为民的崇高形象深深烙印在人们心中，赢得了全社会由衷的敬仰与尊崇。2023年7月，中国科协和教育部联合印发了《"科学家（精神）进校园行动"实施方案》，要求广大中小学校"大力弘扬科学精神和科学家精神，将价值引领融入立德树人全过程，用新时代科学家精神铸魂育人"。通过实践所凝练出的科学家精神，正是新时代青年学子宝贵的精神种子，让他们更加深入细致地品味老一辈科学家的光辉事迹，也为科学家精神在当代教育中的融入，提供了坚实而深厚的思想基石。

2. 弘扬科学家精神的顶层设计逐渐完善

科学家精神始终是国家发展的内在动力，对国家建设与民族复兴进程起到了关键性的推进作用。自党的十八大以来，习近平总书记多次强调科学家精神的重要性，从时代发展与国家科技创新的高度，提出把科学家精神培育作为核心议题来抓。[①] 在此背景下，相关举措有力促进了科学家精神的广泛传播与弘扬，并在当代高校中深化思想政治教育，力求将科学家精神内化于心、外化于行，为科学家精神的传承及大学生思想的发展提供了坚实的基础支撑。2019年发布的《关于进一步弘扬科学家精神加强作风和学风建设的意见》，意味着科学家精神成为党的重要精神谱系，也预示着在制度层面进入了全面强化科学家精神培育的全新阶段。

---

① 王硕岩．习近平关于科学家精神重要论述研究［J］．赤峰学院学报（汉文哲学社会科学版），2021，42（12）：27-32.

2021年，习近平总书记在中国科学院第二十次院士大会、中国工程院第十五次院士大会、中国科协第十次全国代表大会上强调，要广泛凝聚广大科技工作者的力量，紧密围绕党的核心，大力弘扬科学家精神，培养优良学术风气。这对引导科技界坚定政治立场、构建纯净严谨的科研氛围起到了关键作用。2023年，习近平总书记多次提出，要教育引导广大科技工作者传承老一辈科学家以身许国、心系人民的光荣传统，把论文写在祖国的大地上①，为新时代科技工作者指明了实践路径和发展方向。老一辈科学家以其为国为民无私付出的精神风貌，以及卓越的科研贡献树立了学习典范，当代科技工作者不仅要秉持深厚的家国情怀，更要具备扎实的科研能力，确保科技成果真正服务于国家发展和人民福祉。同样，对于新时代科技工作者来说，投身科研不仅在于实现个人价值，更重要的是要背靠强大祖国，依托科技成就推动国家全面发展，实现国家繁荣昌盛、人民生活安定的目标，而这更是自我价值的一种内在升华。

3. 传播科学家精神的基础条件日益成熟

进入新时代以来，在党的领导下，我国科学技术领域迎来跨越式发展期，各类创新科技成果不断涌现，极大地提振了我国的科技实力，并逐步引领我国科学技术走近世界舞台中央。如今，随着科技革命的持续深入和科技发展，科学家精神对于当代学生教育的重要性已经不言而喻，科学家精神的培育条件也日趋成熟。为了弘扬科学家精神、传承优秀科研传统，早在2010年，中国科协便启动了"老科学家学术成长资料采集工程"。② 这是一个具有深远意义的项目，主要致力于系统性地收集整理我国老一辈科学家在学术生涯中形成的原始手稿、往来书信、工作札记等实物文献，以及音频视频记录、历史照片、口述历史访谈等宝贵资料，旨在构建一个涵盖广泛、形态丰富、规模庞大的科学家学术历史档案库，

---

① 习近平. 切实加强基础研究 夯实科技自立自强根基 [N]. 人民日报，2023-02-23 (1).

② 中国科协办公厅. 老科学家学术成长资料采集工程实施方案 [J]. 中国科技史杂志，2011，32 (2)：305-308.

为当代及后代提供生动而深刻的思想教育资源和科学研究启示。

老科学家学术成长资料采集工程丛书作为该工程的重要文化成果，依托扎实的历史文献资料，巧妙地融合了科学家们的个人生平、学术探索历程，以及他们在社会层面做出的重大贡献，以科学严谨而又引人入胜的方式，再现了一个个真实而立体的科学家形象。除了出版丛书之外，该工程还通过策划组织各类主题展览或专题展示活动，对科学家群体的事迹和精神进行广泛的宣传，旨在生动展现科学家们在推动科技进步及实现社会发展中的卓越贡献和高尚品质。其中，展览活动聚焦于广大功勋卓著的科学家，以扎实且丰富的资料为基石，并运用现代科技手段增强代入感，使参观者能够深入了解科学家的人生轨迹，体验不同年代下科学家的爱国情怀。除了实体展示外，还借助现代新媒体领域的发展优势，如运用以"中国科学家"为核心内容的微信公众号，并积极拓展至微博、搜狐、抖音和西瓜视频等多元化社交及短视频平台。通过一系列创新教育宣传手段，有效扩大了社会影响力，促进了对老一辈科学家卓越贡献和高尚品质的广泛宣传，推动了科学家精神在全社会范围内的弘扬与传承，让更多人接触到国家科学技术发展的历史脉络。

2022年，中国科协联合多个部门发布了首批科学家精神教育基地名单，涵盖了140个来自不同学科领域、属于不同机构类型的单位。其中包括核工业、物理学、数学、航天科技、医学、交通运输、农业等多个科研领域的代表，还包括国家重点实验室、杰出科技人物纪念馆、科技创新型企业以及承载科学教育功能的学校等多元类别。例如，中国科学院物理研究所，以其深厚的研究底蕴传承科学家精神；李四光纪念馆，缅怀地质学家的伟大贡献；北京大学王选纪念陈列室，纪念信息技术领域的重要先驱；中国核工业科技馆，展示我国核科技的发展历程与成就；"两弹一星"国防科技科普基地，再现了我国独立自主研制尖端武器的历史壮举，等等。这些基地旨在通过实物展示、学术研究、科普教育等多种方式，将科学家的爱国情怀、创新精神和求真务实态度传递给广大公众，尤其是青年学子，以激励年轻一代投身科学事业，弘扬科学家精神。

（二）我国科学家精神面临的挑战

随着科技的快速发展，全球化的趋势也日益明显，这使科学家需要面对更加复杂多样的研究课题。在这种背景下，科学家需要具备跨学科、跨领域的知识和技能，以及更加开放和包容的思维方式，以应对各种挑战。此外，在社会的不断发展过程中，人们对于科学家的期望也在不断变化，在一些人的眼中，科学家应该追求实用主义，将科研成果转化为实际应用，而忽视了科学家精神中追求真理、勇于探索的重要性。同时，科学家精神具有充足的内容和丰富的内涵，这些并不是生来就有的，而是在后天的教育和实践中逐步提炼而成的。因此，需要进一步梳理科学家精神的教育传承脉络，全面了解制约科学家精神传承的因素，使科学家精神在新时代发展进程中发挥推动作用。

1. 经济全球化和政治多极化的意识形态挑战

全球化进程是社会生产力不断提升及科技持续演进的必然产物与内在诉求。随着多轮社会生产力变革浪潮，经济全球化的程度也日益增强，其实质是以全球范围内的资源优化配置为核心，不断强化各国间的经济相互依存关系。在此过程中，国家之间的互动不仅体现在生产模式的相互借鉴和渗透上，更是在文化交融、思想碰撞以及政治格局的重塑等方面全方位展开。全球化的深度推进，也催生了政治多极化的发展趋势，进而带来了一系列严峻的意识形态挑战。在不同国家和地区、价值观、信仰体系以及社会管理模式等方面，都面临着前所未有的冲击与融合压力，这要求各国在维护自身意识形态安全的同时，学会适应并积极参与到全球多元文化交流与竞争环境中。

在全球局势瞬息万变、大国间竞争日益激烈的背景下，要在复杂的战略格局中稳固地位并争取战略主动权，关键在于拥有强大的科技实力作为支撑，以确保在国际事务中的发言权。科学家群体所体现的科学家精神，在提升国家科技水平方面起到了至关重要的作用，其影响力已经深深渗透到科技进步与发展的各个层面。在面对外部环境挑战的背景下，将科学家精神融入思政教育过程，对科学家精神进行继承与创新，在中国特色社会主义经济建设过程中，将逐渐孕育出独特的意识形态结构。在对接经济全球化浪潮及应对政治多极化带来的影响时，如何保持和发扬科学家精神的独特性和时代适应性，无疑成为一个值得深入探讨的重要课题。

另外，在当前国际形势下，一些国家基于其自身的战略考量和冷战遗留的对抗思维，加大了针对我国意识形态领域的干预力度，不仅对我国经济政策横加干涉，也在政治层面频频施压，意图通过一系列遏制和打压策略来阻碍我国的崛起进程。近年来出现的诸如"中国崩溃论""中国威胁论"，以及要求中国承担更多国际责任的论调，多为罔顾实情、恶意杜撰之词，其背后的目的在于刻意诋毁中国的国际形象，并借机推广西方的意识形态。① 尽管如此，这些现象也从侧面反映出，在全球治理格局中，我国虽然已取得显著成就，但在某些方面仍面临挑战，距离成为世界公认的全方位强国尚有一段路程。这种外部压力，在某种程度上也是我国在进一步提升综合国力和国际影响力过程中需要克服的障碍。鉴于此，在我国科学家精神的教育传承中，应积极将其融入思政教育体系之中，坚定不移地推进创新驱动发展战略以及人才强国战略实施。在全球意识形态领域竞争日趋复杂多变的背景下，确保我国在这场无形博弈中取得优势，积极创新并全方位培养科学精神与时代责任感。

2. 国内科研环境优化尚需时日

在我国科学家精神的传承与培育中，良好的科研环境不可缺少，其有助于科学家精神的孕育和传播。然而，在我国当前的社会环境中，尚未完全构建起科学家精神培养机制，缺乏具有高度支持性和包容性的科研氛围。特别是在全球经济迅猛发展背景下，市场经济体系面临前所未有的挑战，国内主流意识形态也遭受到来自多元文化与价值观的冲击。一些不良社会风气也在日渐滋生，其表现为过度追求物质利益，这与中国特色社会主义核心意识形态形成了鲜明对比和冲突。因此，在推动科

---

① 王洪一. 试论"中国威胁论"[J]. 西亚非洲，2006（8）：28-32.

学家精神传承与发展中，致力于改善科研环境并抵御消极影响，显得尤为迫切和必要。

此外，在当前复杂多元思潮相互交织的社会环境中，对广大青年群体进行科学家精神培育，面临一定的挑战。其中，少数青年学生受社会不良风气的影响，倾向于追求享乐、回避艰苦奋斗，甚至滋生不劳而获的心理。比如，他们从网络上目睹别人的奢华生活，在批判的同时也暗自向往，导致他们过于重视个人利益，相对轻视国家与集体利益，容易产生对社会公正性的怀疑和不满，缺乏主动承担社会责任的意识。不仅如此，这种现象并非仅存在于青年学生群体中，甚至在社会上也存在一种浮躁心理，一些人秉持"一切向个人利益看齐"的观念，给科学家精神的传递蒙上了一层阴霾。可见，在这样的社会氛围下，营造一个有利的科研环境将面临一些困难。

在网络信息时代，网络的虚拟性特点也给当代青年群体带来了诸多的影响与困惑。在一些非主流意识形态的冲击下，物质追求盛行，也使网络成为放大和掩盖矛盾的双面镜。比如，网络的便捷性与匿名性，导致舆论传播的边界模糊化，拜金主义等不良观念在网络上得以快速散播，科技工作者及其成果可能会得不到应有的尊重与敬仰。甚至有少数别有用心之徒在网络平台上，肆意攻击科学家形象，如杨振宁、屠呦呦、袁隆平等杰出科学家，就曾遭受无端的诋毁与造谣，其中既有恶意跟风者，也有冷眼旁观者。因此，缺乏优质的科研环境，已然成为科学家精神教育面临的难题之一。

3. 科学家精神宣传尚需提升

"科学家精神"属于我国科学领域发展中的特定词汇，并逐步被学术界所广泛接纳，其实质是对我国科学家群体长期以来所体现的科技成果、科研实践、科学理论及个人品行的高度凝练与概括，具有鲜明的中国气质和民族特色。科学家精神依托深厚的内涵，得到了国家层面的高度重视，在社会层面上对科学家精神的推广普及与深度弘扬工作仍十分必要。

比如，"两弹一星"精神、载人航天精神以及探月精神等，当我们深入剖析这些特定历史阶段和重大科技成就背后的精神内核时，会发现它们实际上都是科学家精神的生动体现和有力佐证。尽管公众对这些具体的精神标识有着较高的认知度和熟悉感，但对于抽象的"科学家精神"本身，人们的理解程度和接触深度则相对有限。如人们熟知某些科学家的名字，但对于他们在科研领域的探索过程，取得的重大科技成果及其背后的科学精神内涵往往了解不够深入。科学家精神的普及宣传工作仍有待加强，公众往往将科学家精神视为科学家个人品质的附属物，而未能充分认识到科学家精神对于国家科技进步、社会发展乃至个体成长的深远意义。

（三）我国科学家精神培育的机遇

党的二十大报告指出，教育、科技、人才是全面建设社会主义现代化国家的基础性、战略性支撑。必须坚持科技是第一生产力、人才是第一资源、创新是第一动力，深入实施科教兴国战略、人才强国战略、创新驱动发展战略。[①] 在新时代背景下，人类社会所面临的挑战日益复杂，很难依靠单一学科的局限性视角和资源来彻底解决。例如，气候变化、癌症攻克等棘手议题，都迫切需要来自不同领域的科学家携手合作、共同努力，寻求有效的解决方案。从20世纪开始，科学研究范式发生了深刻变革，逐渐告别了过去孤立研究和个人探索的传统模式，转变为强调团队协作、多学科交叉及全社会共同参与的大科学格局。这种演变不仅推动了科研组织形式的变化，也极大地促进了科技创新与知识创造的深度与广度。同样，不断变化的科学发展需求，也为科学家精神的培养提供了重要机遇。

1. 顺应建设科技强国目标新呼唤

习近平总书记指出，中国要强盛、要复兴，就一定要大力发展科学技术，努力成为世界主要科学中心和创新高地，我们比历史上任何时期

---

① 徐秦法. 中国式现代化的科学社会主义之维——学习党的二十大报告关于中国式现代化的论述 [J]. 湖南第一师范学院学报，2022，22（5）：19-21.

都更接近中华民族伟大复兴的目标，我们比历史上任何时期都更需要建设世界科技强国。① 当前，全球正处于前所未有的深刻变革之中，我国在推进国家发展进程中，面临着错综复杂的国内外环境挑战。要想在科技领域实现从大国向强国的跨越，构建一个既能引领世界科技前沿，又能支撑国家战略需求的科技创新体系，必须培养和打造一支规模宏大、结构科学合理、整体素质卓越的科研人才队伍。

科学家精神独具中国特色，具有重要的历史和时代价值。高校思想政治教育工作，不仅关乎培养怎样的人的问题，还涉及若干前期教育投入能否有效地产出并为社会所需，培养出愿为人民大众服务、能为人民服务的合格人才。科学家精神作为科研工作者的精神内核，它包含爱国奉献、求真务实、勇于创新、严谨治学、团结协作等多元品质，是推动科技进步、催生重大科研成果的关键动力。因此，将科学家精神作为培育科技创新人才的重要标杆和导向，用以激励广大科研人员投身科技事业，矢志不渝地追求真理，勇攀科技高峰，显得尤为重要。在这个过程中，弘扬科学家精神并将其融入人才培养全过程，有助于塑造一批具有高度社会责任感、深厚科学素养和高尚道德情操的科研精英。他们将以科学家精神为指引，胸怀祖国、服务人民，为建设科技强国的梦想注入强大的精神力量，并通过不懈努力，在科技创新中不断创造辉煌成就，从而有力助推我国在全球科技竞争中赢得主动、实现可持续发展。

2. 科技创新整体特征呈现新范式

习近平总书记指出，现在，我国经济社会发展和民生改善比过去任何时候都更加需要科学技术解决方案，都更加需要增强创新这个第一动力。科技创新是推动经济社会实现高质量、高水平发展的核心动力，也是满足人民群众对美好生活的热切向往与期待的关键途径。在当今时代背景下，我们愈发深刻地认识到，要实现这一目标，离不开广大科技工作者的锐意进取与无私奉献，必须秉持求真务实的精神，以严谨的态度

---

① 习近平. 在中国科学院第十九次院士大会、中国工程院第十四次院士大会上的讲话 [N]. 人民日报，2018-05-29 (2).

对待每一个研究环节，不畏艰难，勇攀科学高峰，构建科技创新的新范式。具体体现在以下方面。

首先，跨界融合与交叉创新。随着科学技术的不断发展，不同学科领域的界限日益模糊，科技创新呈现出明显的交叉融合特性，如 AI 与生物科技、纳米科技与新能源技术、信息技术与传统制造业等的深度融合，催生出众多新兴交叉学科和产业。

其次，开放创新与全球协同。在全球化的背景下，科技创新不再局限于单个国家或地区，而是转变为跨国界、跨地域的开放式创新，通过全球知识共享、国际合作研发、产业链协同等方式，实现全球范围内的科技资源整合与共享。

再次，创新驱动与数字经济。科技创新越来越依赖于信息技术的驱动，数字化、网络化、智能化成为科技创新的新特征。数字经济快速发展，大数据、云计算、区块链、人工智能等新一代信息技术，对各行各业的创新产生深刻影响。

最后，创新驱动发展战略与创新创业载体。在国家层面大力实施创新驱动发展战略，政策、资金、人才等资源向科技创新集聚，为科技创新提供强大动力和良好环境。同时，通过搭建孵化器、众创空间、加速器等创新创业载体，构建完整的科技创新生态链，促进科技成果转移转化，推动产业升级和经济发展。

3. 科学研究事业发展步入新阶段

国家科学研究事业的繁荣发展，离不开优质的科研环境和深厚的科学文化土壤。科研成果的取得是一个漫长且艰辛的过程，往往需要科研人员持之以恒、耐得住寂寞，以及"板凳坐得十年冷"的精神。这种精神不仅体现出科学家们对真理无尽探索的决心，更是支撑科学家们在未知领域不断求索的动力源泉。此外，营造风清气正的科学研究氛围，是催生高质量创新成果不可或缺的前提条件。广大科研工作者通过坚守诚信原则，严格遵守职业道德规范，确保科研活动的公正性与透明度，以此维护学术界的纯净环境，促进科技创新的健康持续发展。青年学生作为未来科研领域的主力军，应当积极学习并内化科学家精神，将崇尚科学、追求真理、锐意创新的精神品质，切实融入个人价值体系，同时将爱国奉献、勇攀高峰的科学家情怀，转化为投身科技事业的实际行动，在推动科技进步的道路上披荆斩棘，为实现国家科学技术自立自强做出应有的贡献，同时要学习科学家精神、树立科学家精神，积极投身到国家科技事业之中。

近年来，我国在科技创新方面取得了显著成就。例如，2023 年我国取得了多项重大科技成就，包括中国空间站进入应用与发展阶段、模式匹配量子密钥分发的实现、高海拔宇宙线观测站"拉索"的成功验收等，其不仅标志着中国科技实力的提升，还激发了科技体制改革的进一步发展。与此同时，我国政府高度重视科技体制改革，采取了一系列措施以激发科研人员的创造潜能，如简化科研经费报销流程，减少科研人员用于行政事务的时间，以及提高科研经费中用于"人"的投资比例，从而提升科研人员的成就感和获得感。整体而言，我国科学研究事业的新发展阶段，体现在科技创新的加速和科技体制改革的深化，以及科技在社会生活中的广泛应用等多个方面，也共同推动了中国科学研究事业向更高水平发展，为科学家精神的传承与发展奠定了扎实基础。

● 二、我国科学家精神的传承创新与教育融合

科学家精神是我国科技工作者在救亡图存、科学报国的长久历程中，通过实践淬炼与智慧凝练而形成的无比珍贵的精神财富，并且承载着一代又一代科技工作者的理想追求和奋斗足迹，不仅为当前科研人员提供了精神支柱，更是矢志不渝精神的重要驱动，推动着国家科技创新事业发展。青年学生作为我国科技创新体系中的重要生力军，是未来科技进步与国家发展的预备力量，对他们进行科学家精神的培养教育，不仅能充分发挥科学家精神在铸魂育人方面的深远价值，更能引导他们在学术生涯初期就具备深厚的爱国情怀、强烈的创新精神及严谨的求实意识，引领他们始终秉持实事求是、锐意进取的科研态度，立志以科研成果回馈社会、报效祖国。为此，在科学家精神的传承中，应当做好全过程培育体系的构建，从家庭、学校及社会等不同维度，推动我国科学研究后

备力量的成长，为科学家精神的继承与延续做好铺垫，持续为我国科学事业注入活力与希望，共同书写科技创新的新篇章。

（一）家庭教育对科学家精神的影响

家庭教育对科学家精神的影响是深远而持久的，科学家精神包括对未知世界的好奇心、探索欲、创新意识、批判性思维和坚持不懈的精神。家庭教育为孩子提供最初的学习环境，进行价值观念的塑造，对培养科学家精神起着至关重要的作用。比如，家长通过提供丰富多样的学习资源、鼓励孩子提问和质疑，以及引导孩子探索周围世界，激发孩子对未知事物的好奇心。① 这样的教育方式使孩子从小就具备追求知识和探索未知的欲望，为将来成为科学家打下基础。同时，家长应该鼓励孩子发挥想象力和创造力，提供机会让孩子尝试新的想法和方法。通过培养孩子的独立思考和解决问题的能力，家庭教育使孩子具备创新能力，为科学家精神的发展提供重要支持。

1. 树立德智并举的家庭教育理念

科学家精神作为突出体现立德树人价值取向的重要内容，对于培养孩子的品德修养具有积极的引导作用。若要实现个人品行上的完善，就要汲取科学家们严谨治学、求真务实、爱国奉献等精神内涵。然而，在我国当前的家庭教育实践中，仍普遍存在过于重视智育而相对轻视德育的现象，不利于培养全面型人才。因此，急需调整家庭教育策略，倡导科学精神与道德教育并重，以更好地服务于青少年的成长成才和社会的发展需求。

家庭教育观是在家庭内部逐渐形成并被坚持的核心观念，深刻地塑造着孩子的思想观念和行为方式。一个家庭内共享且正向的家庭教育观，不仅能够加强父母与子女之间的情感纽带，而且通过强调"德育优先"的原则，可成为孩子全面发展过程中的基石，使德才兼备成为现代社会

---

① 任福君. 党领导下中国科学家精神的传承与演变［J］. 中国科技论坛，2022（2）：1-3.

所推崇的理想人才标准。在当前家庭教育中，德育与孩子个人成长往往被孤立对待，一些家长倾向于将学业成绩作为衡量子女教育成功与否的唯一尺度。这种片面追求分数的家庭教育模式，不仅导致教育内容和方式的严重失衡，更可能使孩子的世界观、人生观、价值观出现偏离。

因此，在新时代背景下，家长需要积极转变原有的、过时的家庭教育观念，转而接纳并推广德智双全的新时代家庭教育观，充分关注子女道德品质的塑造、价值观念的确立，以及科学素养和意志力的培养，并且要将这种理论层面的引导付诸实践，帮助子女在日常生活中逐渐树立起深厚的家国情怀，养成实事求是的求真品格，以及勇于创新的精神风貌，从而推动我国青少年一代科学素养的不断提升，为孩子的科学家精神的发展创造良好的条件。

2. 积极建立新时代优秀家教家风

在新时代的家庭教育中，积极建立优秀家教家风，对于培养科学家精神至关重要。优秀家教家风是指家庭成员之间相互尊重、鼓励创新、倡导学习、注重实践的一种家庭氛围。首先，家长应该树立正确的价值观。注重培养孩子的道德品质，教育孩子尊重他人、遵守规则、诚实守信，全面培养孩子的社会责任感和团队合作精神，为科学家精神的形成奠定基础。其次，通过优秀家教家风在科学家精神培育中的融合，推动家庭教育目标的转向，积极在优秀传统文化中挖掘精神内涵，做好家庭教育与科学家精神培育的双向奔赴，帮助孩子成为具备科学家精神的新时代人才。

自古以来，我国社会高度重视家风对家庭成员品德修养和行为规范的塑造作用。家风作为家庭文化与精神底蕴的独特体现，承载着家庭教育中无形却深远的教化功能。① 然而，在时代更迭的过程中，某些传统家风和家庭教育模式，已经无法适应现代社会的发展需求，存在一定的局限性和需扬弃之处。因此，在新时代背景下，需要从中华民族博大精深

---

① 黄永鹏，刘文辉.习近平总书记关于家庭家教家风的重要论述研究［J］.湘潭大学学报（哲学社会科学版），2023，47（6）：101-108.

的传统文化宝库中，甄选那些既能传承优良传统又能契合当代社会发展要求的家风内涵，并以此为基础构建一套符合新时代家庭特点的文化传承机制与精神教育体系，从而实现家风建设在新的历史条件下的创新与发展。

3. 做好新时代家庭教育的榜样示范

鉴于父母与子女之间天然的信任纽带，运用榜样示范的方法来培养科学家精神，在家庭教育中具有显著优势。家长要有效发挥这一教育模式的作用，在日常生活中亲身实践，以自身的言行举止作为模板，将正确的道德伦理观念和优良品质融入生活琐事之中。家长应深入理解并学习中华优秀传统文化精髓，从中提炼出符合当今时代特点的家庭教育经验和方法论，关注子女的性格特征及身心发展规律，结合其实际情况进行言传身教，既要讲解道理，更要通过自身的行为展示科学家精神，以及其中所蕴含的求真务实、开拓创新、严谨治学和社会责任感等核心价值，从而引导子女在潜移默化中树立起科学家精神，并将其内化为个人品格的一部分。

此外，为强化言传身教在培养科学家精神过程中的效能，家长除了在日常生活中身体力行，展示热爱祖国、心怀感恩、实事求是和乐于助人等品质之外，还需要积极跟进时代步伐，利用媒体及时了解国内外时事政治动态，深入学习和掌握党和国家最新的理论政策，积极参与社会公益活动，通过这些行动不断提升自身品德修养和社会责任感。家长在自我完善的过程中，其良好的行为习惯和高尚的思想境界，会自然而然地影响子女，成为子女模仿和学习的对象。此外，家长应努力营造和谐温馨的家庭氛围，在日常生活点滴中，潜移默化地引导孩子树立正确的世界观、人生观和价值观，为孩子的全面发展提供成长动力。

（二）学校教育对科学家精神的培育

学校教育作为专业教育，在科学家精神培育中起着至关重要的作用。学校教育不仅为学生提供系统化的知识，还通过多元化的教学活动和课程设置，进一步培养和促进学生科学家精神的形成和发展。因此，学校应该重视教育引领的关键作用，与家庭教育相互配合，共同培养学生的科学家精神。

1. 帮助学生充分认识时代境遇

对时代境遇的理解不仅关乎国家层面的宏观认知，同样也是个人生存与发展的重要组成部分。特别是在当前肩负实现我国第二个百年奋斗目标的新时代，青年学生群体尤其需要通过系统学习党和国家最新的政策理论，深入研读党史知识等途径，增强把握时代脉搏的能力，拓宽自身的视野与格局，为内在激发科学家精神提供源源不断的驱动力。

将科学家精神融入大学生思想政治教育教学活动中，实际就是发挥科学家精神融入思想政治教育课程育人的功能，关注科技进步对现实社会的影响，尤其是对青年大学生群体的影响，真正做到思政课程与课程思政相结合。

一方面，新时代青年学生应准确把握时代发展的整体趋势，特别是党的十八大以来，在深刻洞察国内外复杂局势的基础上，我国推出了一系列深化中国特色社会主义的创新举措。① 对于这一代青年学生而言，个人成长与时代演进密不可分，应深入理解并充分认识当前国际国内发展动态，进而运用所学专长在国家发展进程中发挥自身作用。从科学家精神的培育渠道看，可以依托现代信息技术，借助学习强国 App、公众号、"两微一端"（微博、微信及新闻客户端）、短视频等开放平台，及时了解国家发展战略及科学发展成果，始终致力于对国家大事小情的关切，由此逐步塑造出集体荣誉感及创新意识，实现对科学家精神的传承与弘扬。

另一方面，历史观培养对于新时代青年学生而言，在培养科学家精神中具有决定性作用。其核心在于更准确地理解和把握当今时代发展背景和挑战机遇，具备正确的历史观基础，同时通过了解我党革命、建设和改革不同阶段所取得的伟大成就与宝贵经验，使之成为培育正

---

① 唐志荣. 新时代科学家精神的传播与弘扬 [J]. 科技传播，2021，13（2）：102-104.

确历史观的最生动教材。尤其是新时代青年学生通过学习党史，不仅能够构建起全面而深刻的历史观，而且能运用唯物主义历史观，客观公正地审视和评价我国所实现的伟大飞跃与辉煌成就，明确"科学无国界，但科学家有祖国"这句话的深刻含义。这对于他们继承和发扬科学家精神具有重要意义。

2. 主动配合增强现实培育效果

科学家精神的培养不仅需要家庭、社会与学校等多元主体共同参与，更要求学生给予积极反馈，主动与其他教育主体相互协作，以增强培育效果。在实践中，应当引导青年学生通过有关报道、书籍以及观看影视作品，深入了解先进人物事迹，汲取科学家精神的养分。同时，在课余时间鼓励青年学生参观科学技术博物馆、科技工程纪念地、杰出科学家故居等，通过实地探访和感受，将抽象的科学家精神具象化，实现自我教育的深化。在参观学习的过程中，切身感悟科学家在科研道路上所展现出来的执着追求、严谨求实、创新探索，以及无私奉献的精神风貌，从而将其内化为自身的品质，进而有效提升科学家精神的培育成效。

同时，在学校培养环节，应将蕴含科学家精神的教学元素主动融入思想政治课程和专业课程的学习中，利用科学合理的教学节奏与方法，深入研读并领会课程内容。利用交流、互动等方式，在课堂内外形成良好的教学相长氛围。另外，要积极运用各类有关科学家精神的实践活动，如论坛、讲座、竞赛等，并在校园物质文化和精神文化建设上发挥积极作用，将科学家精神融入日常生活中，从而实现科学综合素质的全面发展。

3. 注重实现道德品质深度内化

在新时代背景下，青年学生要顺应我国改革开放和现代化建设事业对高素质人才的迫切需求，立志成为德才兼备、堪当大任的时代栋梁。在科学家精神的自我培养过程中，应当确立高尚而远大的发展目标，通过组织实践活动、不断挑战、追求卓越，逐步构建起坚实的道德素养基础，为最终实现理想的道德境界奠定基石。

一方面，在新时代科学家精神的学校培育中，应注重从中华优秀传统文化中汲取道德品质的养分，主动接受并传承中华优秀传统文化。在学生的日常生活环境中，引导其阅读经典的传统文学作品、哲学著作以及历史文献。同时，在进行课程选择时，将传统文化与课程内容密切融合，强化学生对于科学家精神中所蕴含的道德品质的感知能力。在组织实践活动中优先考虑传统文化活动项目，如传统节日的庆祝与习俗等，让优秀传统文化渗透到日常生活之中，从而滋养和升华自己的道德品质。

另一方面，传统智慧与精神力量为科学家精神的培养提供了深厚底蕴和强大动力。比如，秉持"位卑未敢忘忧国"的社会责任感，铸造"千磨万击还坚劲"的坚忍不拔品质，树立"愿得此身长报国"的高尚爱国主义情操，倡导"岂曰无衣？与子同袍"的团结互助精神。这些优良品质与科学家精神的核心价值高度契合。此外，学校教育还应从实际出发，从贴近历史的角度融入当代科学家事迹。例如，"五年归国路，十年两弹成"的中国航天奠基人钱学森，为人民"摘下星光"的光学工程的重要奠基人王大珩，"让饥饿成为中国人民遥远记忆"的"杂交水稻之父"袁隆平等。切实给予新时代青年学生以启发，做好科学家精神与人物的呈现，使学生做到见贤思齐。

（三）社会环境对科学家精神的塑造

习近平总书记强调，新时代更需要继承和发扬以国家民族命运为己任的爱国主义精神，更需要继续发扬以爱国主义为底色的科学家精神。社会环境对科学家精神的塑造至关重要，这也是国家科学发展的根本氛围所在。重点是遵循文化传统和价值观念，营造出良好的科技创新氛围，建立健全学术交流和合作机制。因此，社会应该营造一个有利于科学家精神发展的环境，为科学家精神的传承提供良好的创新平台，为青年学生科学家精神的孕育提供发展机会，推动科学家精神在全社会中的传播和弘扬。

1. 加强科学家精神培育相关制度的制定

为确保新时代科学家精神的培育有章可循并得到有力保障，应积极构建和完善相关制度体系。一方面，各相关部门和高等院校，需深入学习加强科研领域作风与学风建设的指导性文件，并结合各地域和学校实际情况，制定出针对性强、操作性强的具体规章制度。同时，要强化对科研领域各项制度执行监督，确保相关制度得到全面、准确的贯彻落实，促使这些制度的优势得到充分发挥，从而有效推动科学家精神在实际工作中的落地生根，促进科研道德风尚的提升。同时，应当不断完善针对学术违法行为的法律法规制度，对涉及学术不端行为的科研人员实施更为严厉的惩处措施，从而显著遏制学术失信、道德败坏行为。此举不仅能够起到应有的惩罚和震慑作用，还能够在更大范围内发挥警示效果，有效减少学术造假等不良现象的发生，并在一定程度上避免学术不端行为的进一步扩散，力求营造一个公平公正、诚信为本的科研环境，更好地弘扬科学家精神，保障科研工作的健康发展。

2. 充分发挥社会主义核心价值观的引领作用

弘扬并践行社会主义核心价值观，是推动我国文化繁荣兴盛的内在要求，也是坚定文化自信的重要基石。① 其涵盖对国家、社会及个人三个维度的价值期待和行为准则，这与科学家精神中的爱国情怀、无私奉献、团队协作等核心理念紧密相连。将社会主义核心价值观作为载体，对于培养学生群体的科学家精神具有重要的现实意义，既顺应了时代潮流，又满足了国家发展战略需求。通过发挥社会主义核心价值观的教育引导作用，可以有效地培育和传播科学家精神，让其深入人心，成为推动国家科技进步和社会发展的重要动力源泉。

从社会实践的维度来看，营造良好的科学家精神传承模式，关键在于与社会主体间的融合，即以社区作为联系和服务群众的基础环节，利

① 文娟. 社会主义核心价值观的哲学解读［J］. 广西教育学院学报，2023（2）：33-36.

用文艺演出、居民自治管理、环境卫生志愿服务等各类活动，积极宣传社会主义核心价值观，并强调科技及科技工作者在社会发展中的关键作用，以及科学家精神对社会进步和个人成长的深远影响，更生动直观地展示科学家精神的现实价值。

3. 利用和发展大众传媒传播科学家精神

在信息时代，人们获取信息、进行沟通交流所依赖的传媒手段呈现出多样化特点。新时代青年学生作为大众传媒的主要受众群体，其观念形成与塑造越来越受到大众传媒的影响。弘扬科学家精神着重强调的是对精神的宣扬与传播，因此在培养新时代青年学生的科学家精神过程中，必须充分利用并有效引导大众传媒，通过其广泛的传播力和影响力，弘扬科学家精神，促进青年学生树立正确的价值导向。

根据科学家精神的传播路径，大众传媒在其中扮演着关键角色，其核心任务是通过讲述生动鲜活的科学家故事，深入解读和广泛传播科学家精神。作为新时代宣传思想工作的重要工具，大众传媒承载着向全社会展示我国科学家在文明进步、科技创新方面的卓越贡献和高尚情操的重要使命。为了有效传播科学家故事，大众传媒需要充分展现民族自豪感与认同感，将民族科技成就及其背后所体现的科学家精神置于重要地位。在叙述这些故事的过程中，应着力突出科技创新对于国家未来发展的重要性。

同时，大众传媒应当聚焦科学家在不同历史时期，如革命斗争、国家建设、改革发展的伟大实践中，表现出的忠于祖国、热爱人民、无私奉献、追求真理、脚踏实地等精神风貌，通过具体而生动的故事叙述，引导青年学生树立起坚定的道路自信、理论自信、制度自信和文化自信，从而激发他们凝聚力量、矢志奋斗的决心与信心。① 此外，大众传媒在科学家精神宣传教育方面，具有强大的扩散效应和示范作用，但同时也可能出现信息失真、价值观误导等问题。因此，在利用大众传媒培育科学

---

① 田心铭. 论"四个自信"［J］. 学习论坛，2017（9）：5-11.

家精神时，尤其需要对部分媒体过度娱乐化、道德伦理滑坡及传播虚假新闻的现象进行有力整治。例如，针对短视频平台、公众号等新兴媒体形式，应加强后台审核机制，及时拦截并制止不良信息和报道的传播。特别是在大学生频繁接触的网站及视频平台上，大力弘扬我国科学家身上所体现的热爱祖国、勤勉敬业、团结协作等精神特质。通过打造一批"有深度、有温度、有高度"的宣传作品，对新时代大学生群体进行正面教育与正确引导，从而有效推动科学家精神在青年学子中生根发芽。

第五章

甬籍科学家精神的地方特色与城市赋能

科学技术是第一生产力，更是推动国家发展的首要动力，其构成了国家实力呈现的基础。宁波因其深厚的人文底蕴和科技沃土，自近现代以来孕育出众多卓越的科学人才，其中以屠呦呦为代表的科学家群体尤为璀璨夺目。这些科学大家的存在，不仅是宁波城市荣耀的象征，更是当前急需珍视、传承和弘扬的独特资源，承载着未来我国实现科技创新的重要使命。

宁波（简称"甬"）依山傍海，地理环境优越，四明山、翠屏山等地拥有丰富的野生动植物资源，以及河姆渡文化、井头山遗址等珍贵的历史人文遗产。同时，广阔的海域蕴藏着众多海洋生物，为海洋科研提供了得天独厚的自然条件。此外，象山县正在建设国际商业航天发射中心，这一举措将为宁波在宇宙航天科学研究领域开启新的发展机遇。不仅如此，在宁波深厚的文化底蕴引领下，宁波青少年群体普遍具有勤奋好学、善于思考的特点，以镇海中学为代表的优质高中，培养出了一批批优秀毕业生，他们在全国范围内备受顶级高校青睐，被视为孕育未来的科学精英，有望成为国家科学研究领域的中坚力量。

● 一、甬籍科学家的历史贡献与精神特质

宁波，被誉为"院士之乡"，截至 2023 年，已培养出超过 120 位宁

波籍中国两院院士，成为国内科学家群体极为集中的区域。这座城市孕育了包括"中国克隆之父"童第周、中国生物物理学奠基人贝时璋、中国现代遗传学奠基人谈家桢，以及流体传动与控制专家路甬祥、"中国脊髓灰质炎疫苗之父"顾方舟等在内的一大批科学巨擘。与此同时，宁波还持续输送着服务于国家重大战略需求和科技创新前沿领域的杰出人才，如"蛟龙号"深海载人潜水器总设计师、中国工程院院士徐芑南，航天运载器总体设计及控制系统领域领军人物、中国科学院院士包为民等当代科学界的璀璨明星。

（一）童第周

童第周（1902年5月—1979年3月），是中国杰出的生物学家、教育家和社会活动家，被誉为"中国克隆之父"。[①] 他在中国实验胚胎学和海洋科学研究领域做出了开创性的贡献，并且在培养中国现代生物学人才方面发挥了关键作用，是中国实验胚胎学的主要奠基人之一。

1927年，童第周毕业于复旦大学哲学系，随后于1930年在比利时比京大学（现布鲁塞尔自由大学）深造，于1934年取得博士学位。回国后，他先后在中国多个科研与教育机构担任职务，包括山东大学、中国科学院的教学研究工作，并担任第五届全国政协副主席等重要职务。

1. 少年立志，借光苦读

童第周出生于浙江省鄞县（现鄞州区）一个偏远山村的贫困家庭，由于家境极度困难，他无法接受正规教育，只能在家中跟随父亲学习各种基础知识，直至17岁才得以进入学校就读。随后，他考入宁波效实中学，并以三年级插班生的身份开始了校园生活。此时的童第周在年龄和经济条件上，与同学们存在显著差异，因此被视为班级中的"异类"。面对同学们的疏远和排斥，以及他人的冷嘲热讽，他始终保持着沉默和坚忍的态度，从不因遭受的冷遇而抱怨，展现出超乎常人的毅力和忍耐力。

在学习上，童第周始终保持着坚持不懈的态度，但由于起步阶段的

---

① "中国克隆之父"——童第周［J］. 发明与创新（小学生），2023（8）：43-45.

基础知识薄弱，他在学术道路上承受了极大的挑战。首学期结束时，他的平均分数仅有 45 分，按照校规面临退学或留级的艰难选择。然而，他诚挚地向校方请求给予一次改过自新的机会。最终，校方被其真挚的决心所感动，同意让他继续跟班试读一个学期。他深知这次机会难得，便在学习过程中倍加珍惜机会，加倍努力投入学习，常常深夜才返回寝室休息。其间，同学中流传出关于他"因恋爱而深夜不归"的传闻，使老师们对他能否专心学习产生了担忧。面对这样的误解和非议，童第周则毅然选择了沉默，没有为自己进行任何辩解，而是以实际行动证明自己的决心和专注。

在某天深夜时分，教数学的陈老师在返校途中，发现昏暗的路灯下有一个瘦弱的身影在晃动。他心中纳闷："这么晚了，还有谁在呢？"陈老师悄悄靠近，发现原来是童第周正在借助微弱的路灯，聚精会神地演算着数学题目，以至于并未发现已经走到身边的陈老师。面对陈老师的询问："都这么晚了，你怎么还在这里？"童第周被突然传来的声音惊了一下，迅速回答道："我想利用点时间提高我的学习成绩，我不想一直被贴上倒数第一的标签。"尽管陈老师关心地劝童第周回去休息，但童第周嘴上答应的同时，手上却依然继续着题目的演算。当陈老师离开并走了一段距离之后，他回头看向那个依然专注于学习的童第周，内心受到深深的感动。他理解童第周对于知识的渴望和对改变现状的决心，并为自己能够拥有这样一位勤奋好学、执着坚忍的学生而感到无比自豪与骄傲。

次日，陈老师在课堂上正式向全体同学阐明："童第周同学是一个极其勤奋刻苦的学生！大家切勿仅凭臆测和流言就对他做出评价，更不应该通过散布谣言伤害他人，这是违背道德原则的！"陈老师稍做停顿后严肃地补充道："我亲眼看到童第周同学深夜在昏暗路灯下努力学习的情景，他的这种精神品质值得我们全班每一个人去学习！"接着，陈老师环顾教室四周，语重心长地说："确实，童第周同学曾经在班级成绩中垫底，但我们不能仅凭一时的成败论英雄，衡量一个人的知识底蕴与能力高低，关键在于他最终能达到何种成就，而不是暂时的排名！"

在此之后，童第周在学习上投入了更多的精力，在期末考试中，成功将各科平均成绩提升至 70 分以上，并且在几何学科上取得了满分的好成绩，这是全校唯一的满分，使他再度成为全校关注的焦点。然而，童第周并未因此骄傲自满，而是选择坚持奋斗。到了高三年级期末考试时，他的总成绩更是一跃升至全校首位，对此，校长深有感触地表示："在我担任校长的多年间，从未遇到过进步如此迅速的学生。"这一经历使童第周深刻认识到，只要肯付出努力，别人能做到的事情自己同样能够实现，所谓的天才并非与生俱来，而是勤奋和汗水铸就的结果。

2. 坚守大道，水滴石穿

1924 年 7 月，童第周成功考入复旦大学深造，在完成本科学业后，他选择了远赴比利时继续攻读研究生课程。留学期间，童第周以刻苦钻研的精神和孜孜不倦的态度投入学习，但仍遭遇了来自其他国家留学生的歧视，他们甚至声称："中国人的智力水平低，正因为如此，才需要花费更多时间在学业上。"面对这样的侮辱，童第周内心愤慨，并暗自立誓要通过实际行动证明自己。那时，他的导师布拉舍教授，正在研究一项极具挑战性的实验——"剥离青蛙卵膜的精细手术"，但这一难题长久以来未能得到解决。尽管这项手术技术难度极高，但童第周并未因此而却步，他选择默默地、坚持不懈地攻克难关。

童第周在自己的住所中，克服了极为简陋的实验条件，没有配备专业的无影灯设备时，他就巧妙地利用自然光，在显微镜下对卵子进行精细切割和分离。由于缺乏培养皿，他便以陶瓷酒杯作为临时替代品。在没有专业显微解剖器的情况下，他自制了一根玻璃丝用于实验。同时，他还亲自在周末到野外采集蛙卵等必要的实验材料。就是在这样艰苦的环境下，童第周坚持进行了大量的实验研究，并成功撰写了多篇关于蛙胚纤毛运动机理分析的学术论文。他的研究成果一经问世，便震撼了整个欧洲生物学界，甚至令那些曾经轻视中国人的外国研究生也不得不对其表示由衷的敬佩："童第周真有两下子！中国人并不逊色于西方人，他们同样可以成为优秀的科学家！"

值得一提的是，在 20 世纪 50 年代至 60 年代初，他在文昌鱼发育实验研究领域贡献卓著，其研究成果对我国乃至国际生物学界产生了深远影响。① 文昌鱼因其在生物分类学上的独特位置，其胚胎发育研究历来备受关注。传统观念认为，文昌鱼的胚胎发育遵循镶嵌模式，即一旦胚胎的一部分受损，就无法通过自我调整得以恢复。然而，童第周通过一系列创新实验，如分离和置换早期胚胎分裂球等技术手段，揭示了文昌鱼胚胎在初始阶段的细胞发育，具有一定的可塑性，意味着不同部位的细胞并非严格确定其最终命运。同时，他还发现在实验条件下，原本分别属于胚胎三个胚层（内、中、外胚层）的分裂球之间，存在某种程度的相互转化可能性，这是对经典发育理论的重要突破。同时，他还确认了文昌鱼胚胎发育过程中，存在类似于脊椎动物的诱导作用机制。这些开创性的研究成果，有力地证明了文昌鱼与脊椎动物在胚胎发育机制上存在着显著的一致性，从而强调了文昌鱼在从无脊椎动物向脊椎动物进化历程中关键的过渡角色及其生物学意义。

3. 坚定信念，成就卓著

尽管童第周在研究领域已经取得了重要成就，但他始终没有放弃更进一步的信念，而是在研究中更加投入和专注，力求能够取得更大的突破。20 世纪 60 年代初，童第周运用细胞核移植技术，进行了一系列开创性的实验。他将金鱼的细胞核植入去除了细胞核的鳙鲃鱼卵内，结果显示幼鱼早期性状主要受到细胞质的影响。此外，他还将鲤鱼细胞核转移到已去除细胞核的鲫鱼受精卵中，孵化后的成体表现出介于两者之间的混合性状特征。这些实验生动地揭示了细胞质在决定生物性状形成过程中的关键作用。同时，他还尝试将金鱼细胞核先移入鳙鲃鱼卵子，在发育到特定阶段后，再将其移回金鱼受精卵中，有时能观察到类似于鳙鲃鱼与金鱼杂交胚胎的性状表现。表明即便金鱼细胞核在鳙鲃鱼细胞质环境中短暂存在，也可能受到了某种程度的影响，从而影响了最终发育出的个体性状。

---

① 刘洪发．童第周："中国克隆之父"的科研人生 ［J］．留学生，2020（5）：56-59.

此外，他的研究揭示了在胚胎发育过程中，某些组织器官并非固定不变，而是具有可塑性特征，这一发现有力反驳了先前部分学者认为的胚胎发育遵循严格镶嵌模式的观点。20 世纪 40 年代至 50 年代初，童第周对鱼类早期发育过程进行了深入的实验研究，结果显示，在鱼卵受精后，原生质会定向流向动物极，并且在受精后的短时间内，其组织中心就得以迅速建立起来。同时，他对两栖类胚胎纤毛运动的研究也取得了突破性进展，确定了纤毛运动的方向与中胚层组织之间存在依赖关系，即中胚层组织通过某种化学物质影响纤毛运动方向，进一步促进了他对于胚胎组织内部极性建立机制的探索与理解。

回顾童第周的成长历程，他的成就将永远闪耀在中国科学史上，他的努力和奉献精神将激励着未来的科学家们前行，并激励着我们继承他的科学家精神，为建设一个更加美好的世界而努力奋斗。同时，童第周的一生也告诉我们这样一个道理：只要有坚定的信念和执着的追求，任何人都能够战胜一切挑战，实现自我设定的目标。他的事迹对所有人具有启示意义，我们无论身处何种行业或领域，都应积极拼搏、不惧困苦，矢志为国家和社会的发展进步贡献力量。

（二）贝时璋

贝时璋（1903 年 10 月—2009 年 10 月）在中国科学界的地位举足轻重，是中国科学院的资深院士，并且是我国细胞学、胚胎学研究领域的创始人之一，同时也是我国生物物理学学科的重要奠基人。

他长期专注于实验生物学研究，涵盖了生物细胞的基本常数、再生能力、性别转变，以及细胞结构与分裂等多个重要课题，发表了多部具有影响力的学术著作。早在 20 世纪 30 年代初，他在对丰年虫进行性转变过程的研究中，首次观察到了细胞重建这一现象。进入 70 年代以后，贝时璋进一步拓展了在丰年虫、鸡胚早期发育、小鼠造血系统（尤其是骨髓部分）、根瘤菌以及沙眼衣原体等不同生物体中的细胞重建等一系列研究，揭示了一个开创性的理论——细胞重建学说。

1. 潜心研究，献身科学

1921年9月，年仅18岁的贝时璋以"一路小跑"的惊人速度，接连跳级地完成了在同济医工专门学校的学业。他在求学过程中表现出卓越的学习能力和勤奋精神，短短10年半的时间内，通过4年小学教育、4年半的中学教育以及2年的预科学习，成功取得了大学预科文凭。毕业后，怀抱远大理想的他，决定自费赴德国深造，并被德国弗赖堡大学认可，使贝时璋本有机会直接进入该校的医科就读。然而，他却做出了"弃医从理"的决定，即从医学转向自然科学，并加入了弗赖堡大学动物学系。1922年，转入慕尼黑大学。1923年，转入图宾根大学继续学习。

在德国著名学者哈姆斯教授的指导下，贝时璋专注于醋虫的研究工作，其间撰写了两篇具有里程碑意义的学术论文。他的首篇论文《醋虫的生活周期》于1927年发表，详尽探讨了醋虫生命周期的特性。第二篇则是其博士论文《醋虫生活周期的各阶段及其受实验形态的影响》，这篇论文于1928年面世，对当时的动物胚胎发育和细胞分化研究领域产生了重要影响，系统分析了醋虫生命周期各个阶段及其对外界因素的反应。[①]并且，德国知名动物学家施莱普和考舍特，在其学术著作中，引用了贝时璋博士学位论文的研究成果，进一步证明了贝时璋在动物学研究领域的国际影响力与贡献。

在之后的科学研究过程中，为了精确测定醋虫自孵化后每日的生长速率，贝时璋坚持每天对40只醋虫（雌、雄各20只），进行连续20天的体长和体宽测量。然而，由于醋虫活动频繁、身体扭动不止，直接导致测量数据难以获取，更无法实现细致观察与绘制图形。面对这一挑战，贝时璋通过不断实践与探索，成功研发出一种既能使醋虫暂时保持静止，又能确保测量过程中醋虫存活下来的操作技术。在当时缺乏现代显微照相设备的情况下，贝时璋在他的博士研究工作中，仅依赖于传统的光学显微镜进行了精细观测。在其共计51页的博士学位论文中，贝时璋手工

---

① 专利文献集锦［J］. 科技信息，2000（4）：52-55.

精心绘制了 80 幅图像，不仅记录了科学实验的精准数据，而且因其制作精良、艺术感十足，被视为兼具科学性和艺术性的作品。

他的一系列工作，展示了科学家严谨务实的态度和卓越的艺术表达能力，为当时的生物科学研究提供了宝贵的可视化资料。经过系统且深入的科研训练，贝时璋不仅积累了深厚的知识基础与研究方法论，还掌握了高超的实验技术，并在学术思想上达到了成熟。他养成了一种谦逊、审慎、治学态度严谨、操作细致入微、逻辑条理清晰和工作秩序规范的职业素养。同时，贝时璋长期坚守科研前线，不断取得显著成就，对科学发展做出了多项重大贡献。为了表彰他在科学领域的杰出贡献，图宾根大学在其原有的自然科学博士学位之外，分别于 1978 年、1988 年、2003 年以及 2008 年，特别授予他荣誉博士学位证书，他也成为拥有 5 张博士学位证书的传奇人物。

2. 学科奠基，无私育人

贝时璋不仅在科研领域取得了显著成就，更是一位推动生命科学交叉研究的先行者。1958 年 9 月，他被正式任命为中国科学院生物物理研究所所长，此举标志着生物物理学在中国作为一个独立学科的地位得以确立。当时，生物科学发展需要深度结合物理学、化学、数学和工程技术等多个学科的知识体系，通过跨学科融合来相互促进和发展。尽管现今这一理念已被科学界广泛认同并实践，但在贝时璋开创性地筹建生物物理研究所之时，关于学科交叉的可行性、必要性，以及生物物理学的合理性，在国内外学术界引发了极其激烈的讨论和争议。

早在求学阶段，贝时璋在专注于生物学课程的同时，广泛涉猎物理学、化学、古生物学和地质学等多个学科，这为他日后倡导并践行学科交叉融合的理念埋下了种子。随着科学领域的快速发展，贝时璋敏锐地洞察到物理学与生物学相互渗透、交融发展的时代潮流，为了紧跟科学前进的步伐，他始终关注并积极推动多学科交叉研究的发展。通过长期的知识积累和深思熟虑，贝时璋对学科交叉的价值有了更为深刻的理解和坚定的信心。他认为，只有深度开展生物物理学和生物化学研究，才能有力推动生物学研究达到更高层次的发展水平。基于这种战略眼光和敢于创新的胆识，贝时璋决心承担起创建生物物理研究所的重任。当然，他也认识到推广新的交叉学科，必将面临诸多质疑与反对的声音，但他始终保持坚忍不拔的精神准备，矢志不渝地致力于生物物理学这一新兴领域的开拓与发展，最终为我国生物物理学领域奠定了坚实基础。

在人才培养战略上，贝时璋接纳了来自生物学、物理学、化学、医学、电子学、计算机科学和工程技术等多个不同学科背景的大学毕业生，并进行跨学科综合培训，致力于"从零开始"培养生物物理学领域的新生力量，共同构筑这个崭新的学科领域。在研究实践中，他亲力亲为指导科研工作，带头倡导学术民主和务实严谨的工作作风，给年轻科研人员留下了深刻印记。在此过程中，贝时璋始终坚持亲自参与具体研究，不仅提供理论层面的引导，还注重实践操作方法的具体指导，鼓励团队成员积极发表意见，形成自由交流与讨论的良好氛围。一次，面对一张未能清晰显示细胞核膜结构的照片，尽管当时已年届 80 高龄，贝时璋仍坚持连续 3 小时观察电子显微镜，以严谨的态度对实验结果进行了细致确认，生动体现了他一丝不苟的作风。

3. 勇挑重担，顾全大局

贝时璋凭借在科学研究领域的远见卓识，在新中国成立之初组建多个关键科研项目，并在其中扮演关键角色，旨在推动国家整体科学发展。1954 年 1 月，中国科学院为了加强学术领导职能，成立了学术秘书处，贝时璋被调派至学术秘书处担任学术秘书一职。与他共事的团队中，秘书长由钱三强担任，副秘书长则是武衡，而 8 位学术秘书成员里，有 6 人均是各自学科领域的杰出科学家。彼时学术秘书处的核心任务是筹备组建四大学部，即物理学数学化学部、生物学地学部、技术科学部和哲学社会科学部，以此构建全面的科学研究体系，为中国科学事业的发展奠定了坚实基础。

事实上，学部的组建时间紧迫、任务繁重，1955 年，贝时璋终于完成了相应的工作。与此同时，他又马不停蹄地参与制定国务院《1956—1967 年科学技术发展远景规划》，继续投身于国家科研事业的发展规划中。他还参与到其他一系列专业性科研规划的编制之中，涵盖了生物物理学、放射生物学以及宇宙生物学等领域。1957 年 10 月，贝时璋作为代表团成员，赴莫斯科就中苏两国科技合作相关事宜进行会谈，进一步提升了多学科合作水平。[1] 1978 年，我国召开了全国科学大会，标志着国内科学事业发展进入崭新阶段，停滞已久的学部活动重新启动。面对这一重要时刻，科学院高层期望贝时璋能够暂时代理生物学地学部主任一职，参与和推动相关工作。尽管深知任务之艰巨，贝时璋教授仍毅然接受了重任，并秉承公正无私的原则，广泛听取各方面意见。最终，在全体学部委员的共同努力下，通过严格、客观且公正的程序，从 300 多位候选人中选拔出了 53 名新的生物学部委员。此外，他还主持完成了生物学部常务委员会的新一轮选举工作，成功构建起了全新的领导架构。

贝时璋在工作中展现出大局观念，时刻以工作需求为优先，全身心投入，无私地付出努力。在工作中，他以党员的高标准严格要求自己，树立了更高的人生追求。他在《中国共产党党员登记表》中写道："我国科学技术相较于发达国家仍存在显著差距，唯有坚定且高效地推动改革，才能加速科学技术的发展进程。同样，我们科研机构必须勇往直前，不畏艰难险阻，持续不懈地努力，方能不断取得重要成果、培养优秀人才，进而催生新的生产力，推动技术革新，使我国科学技术早日步入世界先进水平行列。尽管我已年迈力衰，但身体状况尚可，在有生之年，愿与大家共同奋斗，尽全力促进科技成果的产出和人才的培养。"

（三）谈家桢

谈家桢（1909 年 9 月—2008 年 11 月），我国著名遗传学家、生物学家，我国现代遗传学奠基人，在遗传学研究领域取得了诸多开创性成就。他的一生致力于破译"生命密码"，创立了多项里程碑式的成就，如创办了中国第一个遗传学专业，还创建了中国第一个遗传学研究所，组建了中国第一个生命科学学院，为中国遗传学的学科建设和人才培养奠定了坚实的基础。

---

① 郭金海.1953 年中国科学院访苏代表团对苏联的访问［J］.自然科学史研究，2020，39（4）：504-527.

1909 年 9 月，谈家桢出生于浙江省宁波市。在 12 岁时，他毕业于教会创办的道本小学。1921 年，他进入宁波斐迪中学继续接受教育，这是一所同样由教会运营的中学。尽管身处宗教氛围浓厚的教育环境，但谈家桢自小便展现出独立自主的精神和对科学坚定的信念。他以"阿毛"这个小名表明了自己性格中的倔强与不屈。他曾经明确表示："我并不信奉宗教，而坚信科学的力量。"尽管当时对于一些深层次问题，尚未找到确切答案，但谈家桢深信随着科学的发展，终将揭示出令人信服的真理。

1934 年，对生命科学研究充满热忱的谈家桢，远赴美国加州理工学院攻读博士学位，在机缘巧合下师从"现代遗传学之父"摩尔根。在美国求学期间，谈家桢专注于果蝇进化遗传学研究，系统探究了不同果蝇近缘种之间染色体差异及其遗传图谱构建，并在短短几年间发表了 10 多篇高质量论文，凭借其卓越的研究成果，在世界遗传学界崭露头角。在博士毕业后，谈家桢深刻认识到中国遗传学研究缺乏，尚处于起步的关键阶段，急需有识之士回国推动。因此，他于 1937 年决定舍弃国外优越条件回国，并应竺可桢校长之邀，受聘为浙江大学生物系教授。不久，抗日战争爆发，浙江大学被迫西迁，辗转多地办学。但即使在战乱颠簸的环境中，谈家桢也抓住一切可能的时间和资源，致力于学科建设。在最艰苦的时期，他只能在由祠堂临时搭建的简陋"实验室"里，仅靠一盏桐油灯和极其简陋的设备进行研究。即便面对这样的困境，谈家桢依然展现出了极强的意志和决心，在实验中，他用竹管替代导管、瓦盆充当蒸发皿，并挖掘地窖以冷藏实验材料。

正是在这样极端艰苦的条件下，谈家桢成功发现了瓢虫鞘翅色斑变异现象，并首次提出了镶嵌显性遗传的概念。该研究成果不仅在国内引起广泛关注，而且在国际遗传学界反响强烈。在新中国成立初期，尽管谈家桢在遗传学领域已声名鹊起，但受到外部学术争端的影响，他在任教的复旦大学内，既无法开设遗传学相关课程，也无法继续从事该领域的研究工作，且学术界存在乱贴政治标签的现象，对谈家桢的工作造成了阻碍。毛泽东以客观公正、实事求是的态度，为谈家桢提供了支持，并先后四次接见了谈家桢，鼓励谈家桢要坚持科学真理，坚定信念，强调必须把中国的遗传学研究重新振兴起来。

1956年4月，在中共中央政治局扩大会议上，毛泽东提出了一个影响深远的方针——"百花齐放、百家争鸣"，强调在艺术领域应允许各种风格流派竞相绽放，在学术研究上则要鼓励多种学说自由讨论和竞争。^①他指出，学术上不应片面推崇一种理论而排斥其他，真理的价值在于其能够被越来越多的人所接受。同年，在毛泽东的支持下，中国遗传学界围绕摩尔根派与米丘林学派的学术争议，在青岛举办了一场为期两周的座谈会，谈家桢与其导师李汝祺一同出席。在此期间，之前曾遭受压制的中国摩尔根学派学者们，得到了畅所欲言的机会，他们公开表达自己的观点和研究成果。

在回忆中，谈家桢指出："青岛会议标志着我国遗传学发展历程中的一个历史性转折点，在这次会议上，我们首次以科学客观的态度对待摩尔根学说。这次会议对我来说意义重大，它让我摆脱了束缚，重拾对遗传学研究的信心。"此后，在谈家桢的努力之下，我国遗传学研究成功突破了困境，步入了一个全新的发展阶段，遗传学研究成果丰硕，在国际上赢得了广泛的赞誉与认可。自此以后，谈家桢更加心系家乡和后辈的发展，他说："青出于蓝而胜于蓝是我的座右铭，也是世界发展的必然规律。"

1989年9月，谈家桢为了激发浙江籍学子投身生命科学领域的热情，决定以其个人稿酬和积蓄，设立"谈家桢生命科学奖学金"，并对家乡的科技工作者寄予极高的期待。2005年，谈家桢特别向宁波市科协负责人，赠送了亲笔书写的箴言："丰衣足食，安居乐业，延年益寿，天下太平"。这是他对生命科学工作者所肩负使命的高度概括。其中，"丰衣足食"寓意运用生物学研究成果推动农业进步，确保粮食供应充足；"安居乐业"意味着通过科学研究解决环境问题，创造宜居的生活环境；"延年益寿"则强调在医药研究领域，努力提高人类健康水平与寿命；而"天下太平"

---

① 孙玉凡. 从"百花齐放、百家争鸣"到"鸣放"的历史考察 [J]. 齐鲁学刊，2009 (5)：102-105.

则呼吁科研人员，应致力于防止生物武器的研发与使用，维护全球和平稳定。这些文字，不仅体现了谈家桢对于生命科学界未来发展的期望，也是对他一生追求人与自然和谐共生理念的真实写照。

（四）路甬祥

路甬祥，1942年4月出生于浙江省宁波市，是我国流体传动与控制专家，两院院士，曾任第十一届全国人大常委会副委员长、中国科学院院长等重要职务。

他长期致力于流体传动与控制领域的研究工作，特别是在水液压基础理论、系统集成、元件设计及测试技术等方面，取得了多项重大科技成果。他的科研成果在推动我国机械工业的技术进步和产业升级方面发挥了重要作用，并广泛应用于水利水电、航空航天、交通运输等多个领域。[①] 此外，他积极推动中国科学院的改革与发展，倡导科技创新和科学普及，为提升我国科技自主创新能力做出了卓越贡献。他还特别关注青年科技人才的培养，通过设立奖学金、推动学术交流等多种方式，鼓励和支持年轻一代投身科学研究和技术开发。

1. 依托天赋，努力成长成才

1942年，路甬祥出生于宁波一个深受敬重的医学世家，其父母在当地皆为较有声望的医生。他从小便养成了勤奋好学的习惯，甚至用自己的零花钱购买书籍来丰富知识。在小学时，适逢新中国发出"向科学进军"的号召，给幼小的路甬祥心中种下了热爱科学、追求知识的种子，使他在学习上倾注了更多时间和精力。

随着年龄的增长，路甬祥凭借优异的学习成绩，在初中毕业后被直接保送进高中就读，无须再为升学考试而分心。这也让他将全部时间投入读书和探索科学世界之中，进一步巩固了他的学术基础和对科学事业的执着追求。在求知之路上，路甬祥不仅广泛阅读了所能获取的书籍，

---

① 切尔文卡·费伦茨. 追求真理与创新——访中国科学院院长路甬祥 [J]. 中国科学院院刊，2010，25（4）：362-367.

还在暑假期间就开始自学高中、大学课程。凭借超群的学习能力和不懈的努力，他在 17 岁时以优异的成绩成功考入浙江大学机械工程系，从此找到了自己毕生科研事业的方向。

在学业上一路突飞猛进的路甬祥生动地证明了一个道理："比你优秀的人往往更努力。"天赋固然是宝贵的，但如果不用辛勤的汗水去滋养天赋，那么再高的天赋也只能被白白浪费，这也是对后人的重要启示。

2. 笑对风浪，紧握成功机遇

路甬祥在完成大学学业后，因成绩优异得以留校任教。在 20 世纪 60 年代的特殊时期，许多人失去了对科学的坚持，但路甬祥始终保持初心。他坚信社会动荡终将过去，未来国家的发展必然离不开知识与科学技术的驱动。因此，路甬祥与几位志同道合的伙伴选择闭门潜心研究，低调行事。直至后来，他们的秘密研究活动被发现，实验室也遭到无情的查封，但面对如此困境，他们并未放弃心中的理想和信仰，而是手工制作实验工具和器材，矢志不渝地继续进行科研探索。

在极其艰苦的环境下，路甬祥依然通过自身的努力，成功解决了渔业拖网技术中高压泵油压过载的问题，使得 400 吨级的渔船能够应对 10 级强风巨浪，保证了渔船在极端恶劣条件下的作业安全。此外，他还相继研发出了全液压驱动的钻井机设备，显著提升了钻探和开挖工作效率。

随着特殊时期社会动荡的结束，国家各项事业也逐步进入正轨，迎来了"科学的春天"。曾经在困境中潜心付出的努力，此刻终于结出了硕果。随着德国洪堡基金会重新对中国年轻学者开放学习资助项目，路甬祥敏锐地抓住这一宝贵机遇，主动将自己撰写的论文寄送至德国评审。经过激烈的竞争和严格的选拔，路甬祥最终脱颖而出，成功获得了前往德国亚琛工业大学深造的机会。进修期间，路甬祥迅速崭露头角，他展现出卓越的研究能力和毅力，每天工作时间接近 15 小时，在短短两周内就构建出了电液控制实验全新的数学模型，并成功取得了专利权。在深造期间，他不仅为所在的液压研究所贡献了 4 项新增专利，还婉拒研究所提出的优厚条件，将自己的才智奉献给祖国的科技事业。

3. 人尽其才，推动国家振兴

路甬祥回国之后，全力以赴投入科研与人才培养工作，最终成为浙江大学历史上极具影响力的校长之一，广受赞誉。路甬祥作为一名杰出的科学家，在回归之初便得到了省内领导的高度重视，省内领导在力所能及的情况下给予研究资源支持。路甬祥也不负众望，不仅妥善调配经费，还自筹资金从德国引进先进仪器设备，并成功主持创建了流体传动及控制研究所，该所迅速发展并占据行业领先地位，最终被确立为国家重点实验室。

由于卓越的教学与管理成就，1988 年，路甬祥被任命为浙江大学校长。在他的领导下，浙江大学步入了一个全新的快速发展阶段，尤其注重激发师生的创新精神。其间，他将创新理念融入浙江大学的校训中，与原有的求是精神并举，共同激励着一代又一代浙江大学师生锐意进取、追求卓越。[①] 在卸任浙江大学校长职务后，路甬祥转任中国科学院院长，并始终矢志不渝地推动科技前沿探索，为我国的科学发展注入了强大动力。

4. 持之以恒，让优秀成习惯

无论是求学，还是科研和工作，路甬祥都用他的实际行动证明，持之以恒的付出，终能让优秀成为一种习惯。在历史上，我们常常听到一些有关"神童"的故事，比如江淹的"才思枯竭"和仲永的"默然失色"，这些案例都令人惋惜不已。路甬祥自幼便展现出超群的智慧，但他并未因此而满足或懈怠，反而是充分利用身边的各种资源，持续不断地学习。无论春夏秋冬，他视艰难为乐趣，将学习融入生活的每一个角落，让自身与生俱来的天赋得到了充分的发挥和发展，最终成长为国家和社会的栋梁之材。

此外，在路甬祥风华正茂之际，特殊时期的社会动荡成为他追求科

---

① 路甬祥. 路甬祥：东西方教育差异及对我国研究生培养的启示 [J]. 中国科学院院刊，2006（1）：1.

学梦想的较大阻碍。然而，路甬祥低调内敛、远离纷争，保持对科学的热爱与探索。他深知国家真正需要的是什么，因此能够心无杂念地投身于科学事业之中。正是凭借这种专注和坚持，他在国家建设中贡献卓越，最终赢得了高度认可。

（五）顾方舟

顾方舟（1926 年 6 月—2019 年 1 月），浙江宁波人，中国医学科学家、病毒学专家，被尊称为"中国脊髓灰质炎疫苗之父"。[①] 他在中国公共卫生事业和生物制品领域做出了重大贡献，尤其是在预防和消灭脊髓灰质炎的工作中起到了关键作用。

在学术生涯中，顾方舟完成了在北京大学医学院的学业，后赴苏联医学科学院病毒学研究所深造并获得博士学位。回国后，他在脊髓灰质炎研究方面取得了突破性进展，成功研制出脊髓灰质炎糖丸疫苗，该疫苗简单易用且效果显著，为我国儿童免受脊髓灰质炎侵害立下了汗马功劳，他被人们亲切地称为"糖丸爷爷"。[②] 在他的领导下，我国开展了大规模的脊髓灰质炎疫苗接种运动，有效降低了脊髓灰质炎发病率，对最终实现全国范围内基本消除脊髓灰质炎的目标起到了决定性作用。因其在该领域的卓越贡献，顾方舟获得了包括"人民科学家"国家荣誉称号在内的多项荣誉，他的科学精神与社会担当，为我国医学界树立了光辉典范。

1. 走活疫苗技术路线

脊髓灰质炎，是一种对儿童健康构成重大威胁的急性传染病，又称小儿麻痹症，从 20 世纪 50 年代开始在我国各地广泛传播。1957 年，当时年仅 31 岁的顾方舟勇挑重担，率领研究团队对小儿麻痹症患者粪便样本进行了深入的调查和分析，并成功从中分离出脊髓灰质炎病毒，快速

---

① 董恒波. 中国脊髓灰质炎疫苗之父——顾方舟 [J]. 作文，2022（41）：46-51.

② 徐德明. "糖丸爷爷"顾方舟 [J]. 奇妙博物馆，2022（6）：22-25.

完成了病毒定型工作，创造了我国首例利用猴肾组织培养技术实现病毒分离的突破性成果。[①] 在顾方舟及其团队的努力下，确认了当时国内流行的脊髓灰质炎主要类型，为我国制定控制脊髓灰质炎传播的流行病学策略提供了关键性的科学依据。

1959 年，顾方舟赴苏联考察发现，关于灭活疫苗与减毒活疫苗，在研发路径上存在显著分歧，并且导致两派观点僵持不下。其中，灭活疫苗虽安全，但效力较低且成本高昂；减毒活疫苗则具有高效、低成本的优势，然而其安全性还需进一步验证。顾方舟充分考虑到我国的具体国情和国力条件，果断建议我国应当选择发展减毒活疫苗的技术路线。1959 年 12 月，我国成立了专门的合作小组，由顾方舟担任组长，带领团队全力投入脊髓灰质炎疫苗的研发工作。

2. 自己先试用疫苗

在疫苗的研究阶段，顾方舟设计了两个阶段的研究方案，首先是进行动物试验，随后进入更为关键的人体临床试验阶段。在确保动物试验取得成功后，面临的问题是：由谁来率先进行人体试验？此时，顾方舟展现出无私无畏的精神，决定自己首先尝试使用疫苗。为此，他冒着可能造成瘫痪的风险，亲自服用了一小瓶疫苗溶液，经过一周的观察，身体状况保持稳定，并未出现任何异常反应。然而，更大的挑战摆在眼前，由于多数成人体内已有对脊髓灰质炎病毒的免疫力，因此必须证明该疫苗对于免疫系统尚未完全发育的小孩也是安全有效的。

在确定了对学龄前儿童进行疫苗试验的方案后，又面临新的问题：如何找到愿意参与试验的儿童？又有哪个家长会同意让孩子承担风险呢？对此，顾方舟以身作则，他将自己当时唯一的孩子带到了实验室，并提出："小孩不满 1 岁，符合试验条件，先从他开始。"最终，实验室内的几位同事也纷纷响应，他们让自己的孩子加入了试验队伍，为人体临床试验做出了重要贡献。

---

① 侯世芳，李凯，刘银红. 脊髓灰质炎后综合征 [J]. 中国神经免疫学和神经病学杂志，2011，18（4）：273-275，279.

在为期一个月的严格监控下，参与脊髓灰质炎疫苗第一阶段临床试验的孩子，生命指标都保持在正常范围内，表明试验取得了圆满成功。到了 1960 年，首批 2000 剂疫苗在北京地区进行了第二阶段临床试验，并证明了其安全性和有效性。为此，顾方舟大幅扩大了疫苗测试的范围，从最初的 2000 人增加到 450 万人，并在北京、天津、上海、青岛、沈阳等多个城市开展了第三阶段临床试验，结果同样证实了疫苗的有效性。1960 年 12 月，首批 500 万剂脊髓灰质炎疫苗，在全国 11 个城市进行了大规模推广接种，并成功遏制了脊髓灰质炎的快速传播。

3. 从液体疫苗到糖丸

脊髓灰质炎疫苗最早是以液体形式生产的，并通过动物和人体试验验证了其安全性和有效性。然而，在 20 世纪 50 年代末，我国面临的一个重大问题是疫苗的储存与运输难题，尤其对于广大农村地区而言，由于缺乏冷藏设备，使液体疫苗难以长期保存和远距离配送，极大地限制了疫苗的大规模接种工作。

为了解决这一问题，顾方舟带领团队创造性地将疫苗与稳定剂和糖混合，制成了脊髓灰质炎糖丸疫苗，这种形式的疫苗不仅口感适宜，更能在常温下保持疫苗活性，大大降低了存储和运输条件的要求，使疫苗能够快速、广泛地覆盖全国各地，有效地防止了脊髓灰质炎的传播。因此，脊髓灰质炎糖丸疫苗的研发成功，不仅体现了我国科学家在公共卫生领域的智慧和创新精神，也成为世界卫生史上的一大突破，对全球消灭脊髓灰质炎的进程产生了深远影响。

顾方舟一路艰辛跋涉，从未居功自傲，在顾方舟的遗体告别仪式上，门口悬挂着一副挽联："为一大事来，鞠躬尽瘁；做一大事去，泽被子孙。"这是顾方舟一生的写照。一颗小小的糖丸，护佑着亿万儿童的健康，顾方舟穷毕生之力，在我国公共卫生史上树立了一座永恒的丰碑。

事实上，宁波籍科学家在国家的科技进步和社会发展中，扮演了至关重要的角色，他们通过卓越的贡献默默地为国家科学发展助力。在现实中，除了上述杰出科学家以外，还有一大批科学工作者，不断在众多学科领域默默深耕，并对我国科技事业产生了深远影响。比如，宁波籍科学家屠呦呦，因发现青蒿素而享誉全球。她从中国传统医药中提炼出治疗疟疾的有效成分——青蒿素，这一重大发现不仅为全球疟疾防治工作带来了革命性的突破，还因此荣获 2015 年诺贝尔生理学或医学奖，成为首位获得诺贝尔奖科学类奖项的中国本土科学家。总体来说，宁波籍科学家们通过不懈努力和无私奉献，在各自的专业领域取得了举世瞩目的成就，他们不仅在学术上推进了科学技术的发展，还在人才培养、学科建设等方面发挥了引领作用，有力地支撑了我国科技强国战略的实施，为中华民族伟大复兴奠定了坚实的科学基础。

● 二、科学家精神对宁波文化建设的驱动作用

科学家精神是一种追求真理、勇于创新、严谨治学、团结协作的精神。宁波作为一个历史文化名城，自古以来就是海上丝绸之路的重要起点，拥有深厚的文化底蕴和独特的地域文化。在新时代背景下，科学家精神对宁波城市文化建设具有重要作用，宁波应充分发挥科学家精神的引领作用，推动城市文化建设，为实现高质量发展提供强大精神动力。宁波素有"院士之乡"的美誉，应积极借助其中所蕴含的科学性、人文性和教育性，打造更具魅力的文化软实力。尤其是通过科学家精神的传承与发展，使之成为推动宁波科技进步的重要力量，也为促进城市文化繁荣发展提供重要动力。通过弘扬科学家精神，有效提升城市的文化软实力，促进城市的可持续发展。

目前，宁波正在建设成为区域文化中心城市，涵盖了文化资源集聚能力、文化发展辐射能力等多个方面。宁波拥有深厚的历史文化底蕴和独特的地域文化，如海洋文化、藏书文化、阳明文化等，这些都是其成为区域文化中心城市的重要基础。根据《宁波市文化和旅游发展"十四五"规划》，计划到 2025 年，宁波初步建成独具魅力的文化强市，并在公共文化服务、文化遗产保护、文化和旅游经济等方面设立具体目标，

力争全面建成新时代文化高地和现代化滨海旅游名城。^① 同时，宁波正致力于打造全国文明典范之都，通过提升城市的文化软实力和传播能力，以及深化文明典范创建，来强化城市的文化形象和影响力。

（一）以科学家精神激发宁波文化生命力

宁波的文化生命力体现在其丰富的历史遗产、创新的文化传播方式以及对文化遗产的重视和保护上。作为一座有着悠久历史的古城，宁波不仅有着深厚的文化底蕴，而且在新时代背景下展现出强大的文化创新能力和传播活力。随着工业革命的不断推进，科学技术深度融合渗透到了社会生活的各个层面，对人们的情感认知、价值观念、道德规范、思维方式及行为模式产生了深远的影响。如果将城市视为一种高度发达的社会聚集体，那么弘扬科学家精神对于城市的内在文化品质建设显得至关重要。

首先，宁波的历史文化底蕴是其文化生命力的坚实基础。宁波是中国海洋文化的重要发源地之一，其历史可以追溯到数千年前的河姆渡文化。河姆渡文化代表了长江流域文化的起源之一，对后世产生了深远影响。此外，宁波是海上丝绸之路的重要起点，其丰富的商贸历史和文化交流为宁波的文化发展提供了丰富的素材和视角。^② 通过弘扬科学家精神，宁波能够吸引更多高精尖人才集聚，推动高新技术产业的发展，促进产业转型升级，从而提升城市经济发展的质量和竞争力。其次，在新时代背景下，宁波积极探索文化的创新传播方式。例如，"宁波书房"项目，就是一个展示宁波城市发展和文化的平台，通过这个平台，宁波不仅展示了自己的历史和文化，还通过各种文化活动和展览，让更多人了解和接触宁波文化。随着科学家精神的普及与实践，可以培养新一代创新型人才，构建宁波未来可持续发展的人才梯队。宁波的众多高校和科

---

① 陈倩. 文旅融合赋能宁波文化软实力的策略探究 [J]. 漫旅，2023（6）：67-69.

② 严红彦. 河姆渡文化符号对宁波市旅游品牌构建的影响研究 [J]. 品牌研究，2023（9）：41-44.

研机构在科学研究和人才培养方面不断突破，将形成良好的学术氛围和产学研一体化机制，有力支撑城市的长远发展。再次，宁波高度重视文化遗产的保护和传承。宁波拥有众多的历史文化遗产，如大运河（宁波段）和海上丝绸之路等，这些都是宁波文化的重要组成部分。宁波不仅在保护和修复这些文化遗产，还在通过教育和文化活动，让更多人了解和传承这些文化遗产。最后，基于科学家精神指导下的社会治理模式，宁波将更加注重依据科学规律来制定政策。例如，在环境保护、城市文化塑造等领域拥有更强的生命力和吸引力，对于打造文化繁荣、富有活力的现代都市形象具有积极意义。

从城市科技文化角度来看，科学家精神所指引的发展路径，对城市的未来形态和发展方向起着决定性作用。当今时代，城市已经超越了工业化时期单纯追求最大生产效率的阶段，而是在生态理念和技术革新驱动下，向智能化和生态化模式转变，逐渐呈现出一种能够自主运作、自我更新的生命体特征。

（二）以科学家精神增强宁波文化创新力

科学家精神的核心内涵，是永无止境的探索与创新。这种精神如同一盏明灯，照亮了宁波城市文化建设的道路，赋予其更加鲜活和深远的意义。在科学家精神的引领下，宁波的城市文化建设不再局限于对传统文化底蕴的保护与传承，而是强调与时俱进的创新意识，以此驱动文化产业的繁荣与发展，不断培育新的文化业态。普及科学知识是基础，当公众对科学有了足够的了解后，才能真正理解和接受科学家精神。推广先进技术是手段，科学技术的发展是推动社会进步的重要力量，传播科学思想和方法则是培养科学思维方式的关键。帮助公众养成文明、健康、绿色、环保的科学生活方式，引导公众理解和运用科学知识，使社会生产生活更加健康、环保和高效。在具体实践中，宁波城市文化建设应举办各类科技创新大赛、文化创意设计大赛等活动，搭建起一个公平公正、开放包容的展示平台，旨在激励市民积极参与，挖掘他们的内在潜能和创造力，而且有助于培养和塑造一种积极向上的创新精神风貌。市民们在参赛过程中，不仅可以提升自身的创新能力，还可以通过交流互动，共享智慧成果，从而推动宁波城市文化内容和形式的创新升级。

同时，借助科技创新的力量，宁波还要积极引入数字技术、虚拟现实、人工智能等前沿科技手段，与传统文化产业深度融合，打造具有宁波特色、国际视野的文化产品和服务。旨在构建一个立体多元、富有活力的文化生态系统，让科学家精神融入城市的血脉，为宁波注入源源不断的创新动力，使其在快速发展的现代社会中始终保持旺盛的生命力与较强的竞争力。使宁波在尊重历史、立足当下、展望未来的维度上全面发力，以创新驱动为核心，持续激发城市文化的生命力，进而打造出一座既保留深厚文化底蕴又充满现代创新魅力的国际化大都市。

此外，科学家精神具有深远的凝聚力和强大的引领作用。在宁波城市文化建设过程中，科学家精神的引入与弘扬，将有力提升宁波的城市文化软实力，推动文化事业从传统走向现代、从本土走向国际。首先，在科学家精神的鼓舞下，宁波能够更有效地挖掘和整合本地丰富的历史文化资源，并在此基础上积极创新，打造一批具备国际竞争力的文化品牌。不仅体现宁波深厚的历史底蕴和独特的人文魅力，还通过不断的技术创新和艺术创造，使宁波文化的影响力跨越地域，进一步提升宁波在全球范围内的文化竞争力。其次，科学家精神鼓励跨界交流与合作，促进不同领域知识和技术的融合应用，保持开放包容的态度。这使宁波能够更加自信地参与到国际文化交流中去，引进国外先进文化理念与实践，同时推广展示宁波特色文化产品和服务。通过各类国际文化交流活动和项目，使宁波在全球范围内提高知名度，扩大影响力，进而吸引更多国际人才和资源聚集，形成良性互动和循环。最后，科学家精神中所倡导的实事求是、追求真理精神，有助于宁波在文化产业政策制定和实施过程中坚持科学决策、精准施策，从而有效推动文化产业的高质量发展，使文化产业生态更加健康且充满活力，让宁波在国际舞台上展现出独特的文化魅力，实现真正意义上的文化繁荣与发展。

（三）以科学家精神服务宁波文化传承性

科学家精神在宁波文化传承领域中，扮演着激发创造力、赋予传统文化生命力的角色，具有不可估量的实践价值。在科学家精神中倡导敢于突破常规、追求卓越和不断进步，这种理念的融入将有力推动宁波文化事业的创新发展。具体而言，宁波在文化传承中积极寻求创新路径，打破传统表达方式，通过现代科技手段与艺术表现形式相结合的方式，让悠久的传统文化跨越时空限制，在新时代背景下展现出全新的活力与魅力。①

例如，利用先进的数字技术，可以对宁波丰富的非物质文化遗产进行生动逼真、立体直观的展示与传播，不仅保留了原汁原味的文化精髓，还通过虚拟现实、增强现实等技术手段拓展了体验维度，使古老的文化以更加鲜活生动的形象呈现在公众面前。此外，宁波积极推动传统文化元素与现代设计的深度融合，创造出一系列富有创意且兼具实用性的新型文化产品。如将传统工艺美术中的图案、色彩、技艺等元素，巧妙地融入现代家居、服装、平面设计等领域，既保留了本土文化的根脉，又满足了现代社会审美的需求，从而使宁波传统文化在与时代的对话中焕发新生，实现了文化传承与创新发展的和谐共生。

此外，在宁波城市文化建设中，科学家精神起到关键性的导向作用，鼓励人们深入挖掘本土文化资源，珍视并保护好丰富的文化遗产，从而弘扬和发展宁波独特的地域文化特色。宁波市政府和社会各界，积极采取了一系列有效措施，如定期举办非物质文化遗产展览、传统工艺展示会等各类活动。不仅展示了宁波源远流长的历史文化和巧夺天工的传统技艺，而且通过生动形象的方式向市民普及了非遗知识，激发了民众对优秀传统文化的关注与热爱，进一步提升了市民的文化认同感和自豪感。同时，市民得以近距离接触和了解宁波的地方戏曲、民间艺术、传统手工艺等宝贵遗产，使原本深藏于历史长河中的文化瑰宝得以重新焕发生机，成为现代生活的一部分。同时，宁波也借此机会培养了一批批热衷于传统文化传承与发展的新生力量，他们以科学严谨的态度研究、创新和发展传统文化，推动宁波传统文化与现代社会相融合，实现文化的传承与发展。

① 刘爽.宁波市非物质文化遗产保护与旅游开发研究［J］.特区经济，2019（3）：120-122.

由此可见，在科学家精神的引导下，宁波将更加注重对传统文化的深度挖掘、系统保护和创新性传承，让传统的智慧在新的时代背景下继续发扬光大，为宁波的城市文化软实力注入源源不断的活力，并以此为契机，提升宁波在国内外文化领域的影响力和竞争力，让市民了解和传承优秀传统文化，促进宁波文化传承与发展，为宁波传统文化传承提供科学依据。

（四）以科学家精神打造宁波文化产业链

创新是一个民族进步的灵魂，只有以突破、创新为目标，才能不断推进科学发展。科研人员必须肩负创新职责，以创新为核心从事科学研究，才能帮助国家和人民走在时代的前列而不致受制于人。在打造宁波文化产业链的过程中，科学家精神所蕴含的核心价值，将在文化产业链发展中起到至关重要的作用，构建并优化宁波的文化产业链。

首先，宁波在挖掘和保护本地文化遗产时，应进行科学、系统且深入的研究，通过对地方特色文化资源的全面梳理和科学评估，结合考古学、历史学、民俗学等多种学科的专业知识，提炼出宁波文化的核心价值和独特标识。例如，通过建立完善的非物质文化遗产数据库，运用现代科技手段对文物古迹进行数字化保护与展示，确保文化遗产的真实性、完整性和可持续性。

其次，科学家精神强调创新探索，这为宁波文化产业的发展注入了强大的动力。在文化产业领域，宁波可以借鉴科技创新的思维模式，大胆尝试新的艺术表现形式和技术应用，如虚拟现实、增强现实等前沿技术与传统文化的深度融合，创造出具有时代特征和国际竞争力的文化产品和服务。同时，举办各类文化创意设计大赛，鼓励企业、高校及个人积极参与，挖掘潜在的创意人才，孵化出一批批优质的文化产业项目。同时，应当积极搭建文化产业交流平台，推动文化、科技、旅游、教育等领域间的深度互动与融合，实现资源共享、优势互补。比如，引入高新技术改造提升传统工艺美术产业，将宁波的传统工艺与现代设计理念相结合，开发出符合市场需求的文创产品，形成集研发、生产、销售于一体的完整产业链。

最后，宁波可以借鉴科研成果转化的成功经验，设立专门的文化产业发展基金，支持文化项目的研发与市场推广。通过政策扶持和市场化运作机制，引导社会资本投入文化产业，共同推动宁波文化产业链的高质量发展。宁波在打造文化产业链的过程中，要弘扬科学家精神中的社会责任感，关注文化的社会效益和经济效益的平衡，注重培养市民的文化素养，加强公共文化服务体系建设，让更多的市民共享文化发展成果。通过严谨务实的挖掘保护、勇于创新的业态拓展、跨界融合的生态构建，以及社会责任的践行，打造一条兼具传承性、创新性和可持续性的文化产业链，让宁波文化在新时代焕发出更加璀璨夺目的光彩。在科学家精神的推动下，宁波可以培育一批具有国际影响力的文化品牌，提升城市文化竞争力，加强宁波与其他城市的文化交流，提升宁波在国际舞台上的知名度和影响力。积极推动科技成果在文化产业中的应用，培育新的经济增长点，通过发展数字创意产业、举办文化产业高峰论坛等活动，推动宁波城市文化产业转型升级，强调追求卓越和精益求精，提升宁波城市文化品质和公共文化服务水平，满足市民日益增长的精神文化需求。

● 三、科学家精神与宁波城市治理的相互融合

当前，国家对科学技术的重视已经上升到国家战略高度，社会公众也对科学技术的发展和运用给予了支持和信任。作为以科技工作为职业的科学家，在获得重视、支持和信任的同时，理应承担起相应的责任、义务和使命。在城市规划与建设中，科学家精神在推进宁波城市化进程时，要求决策者和规划者借鉴科学研究方法，基于翔实的数据分析和严谨的论证研究，制定出既能满足当下需求又能预见未来发展的城市规划方案。[①] 例如，在环境保护、基础设施建设、资源分配等方面，运用科学家实事求是、科学判断的精神进行合理布局，确保宁波现代化城市的可持续发展。在此过程中，宁波不断引入和培育高新技

---

① 王婉娟，史斌. 宁波城市治理体系现代化建设研究 [J]. 宁波工程学院学报，2017，29（3）：74-80.

术产业，如智能制造、新材料、新能源等，并鼓励科研人员积极投身于智慧城市、绿色建筑、智能交通等前沿领域研发，这些都离不开科学家精神的引领。

（一）推动宁波智慧城市的迅速塑造

对于宁波而言，在信息时代背景及科学技术推动下，智慧城市建设已步入正轨并进入了快速发展阶段。在这一推进城市智能化、现代化建设的过程中，智慧技术的运用不可或缺。比如，物联网技术作为城市运行的"神经系统"，其功能如同城市的感知中枢，通过连接和整合城市各个部位产生的海量信息，对数据进行高效收集、分类与传输至统一的数据库中，实现了物理世界与数字世界的深度融合，有力推动了智慧城市基础设施建设。

与此同时，云计算技术在智慧城市建设中的作用同样举足轻重，它被形象地比喻为城市的"中枢系统"。[①] 利用云计算技术，城市可以实现跨部门、跨领域的资源共享和协同作业，极大地节省了传统建设模式下的时间和成本投入。通过引入云服务提供商，智慧城市能够快速部署和升级各类应用服务，从本质上改变传统的硬件设施投资模式，促使城市管理和服务从原先购买"实体产品"向购买便捷灵活的"云端服务"转型，进一步提升城市管理效率与服务水平，有力推动智慧城市的可持续发展。

在宁波智慧城市建设进程中，科学家精神在智慧城市架构中占据着核心地位。通过现代科学技术所形成的大数据，可以被比作城市的"记忆系统"，其强大功能主要体现为能够高效地存储、分类和整理来自城市的海量数据信息。通过对国外智慧城市建设模式的研究，如哥本哈根、曼彻斯特、阿姆斯特丹，以及新加坡等全球知名智慧城市案例的深度剖析，揭示出智慧技术对于新时代智慧城市建设的关键性支撑作用。秉持"取长补短"的基本原则，对这些国际先进城市应用智慧技术的成功之处

① 宁波市科技局．宁波：以"三个年"引领高水平创新型城市建设［J］．今日科技，2023（11）：33.

进行深入挖掘，客观评价其中存在的局限性和潜在改进空间。同时，结合宁波智慧城市发展需求，充分吸收和借鉴先进技术的优点，有力推动智慧城市的健康发展和持续优化。

（二）促进宁波"万物互联"的结构成型

宁波在现代化城市建设中，特别是在万物互联方面取得了显著进展，均得益于宁波市对数字经济的重视，以及智慧城市建设的积极发展策略。比如，宁波市围绕数字中国"2522"和数字浙江"2533"整体框架体系，积极推进智慧城市建设，包括数字技术融合、业务融合和数据融合的创新特色场景应用。[①] 宁波已获得多项荣誉，如全国数字城市建设示范城市和中国智慧城市领军城市等称号。此外，宁波市的数字经济产业总量规模不断提升，截至 2022 年，数字经济增加值达到约 8000 亿元，数字经济核心产业实现营收 4875.5 亿元，同比增长 5.6%。宁波已形成以集成电路、光学电子、汽车电子、软件与信息服务、数字贸易等为特色的产业体系。

同时，围绕科学家精神及科学技术的发展，进一步倡导万物互联的发展机遇，如《宁波市智慧城市建设"十四五"规划》提出，到 2025 年，宁波将建成 5G 基站超过 4 万个，实现 5G 网络全市覆盖。此外，还将建成全国领先的人工智能超算中心，实现数据共享平台和开放流通平台的进一步完善。并且，宁波还将致力于打造国际智能制造新高地、中国特色型软件名城、工业互联网领军城市、国家新一代人工智能创新发展试验区。重点推进基站共建共享，实现中心城区、交通枢纽、工业园区等重点区域 5G 网络优质覆盖。同时，建设整合共享的数据资源体系，如北斗数据云平台，推动北斗技术在多个行业的示范应用。通过积极发展数字经济和智慧城市建设，展现万物互联的根本要义，努力提升城市的智能化水平，也为宁波现代化发展提供有力支持。

---

① 谢霞. 打造数字中国建设示范城市 深化数字宁波建设工作综述 [J]. 宁波通讯，2019（7）：19-21.

（三）催生宁波教育医疗的创新形态

科学家精神在打造宁波教育医疗的创新形态中，为宁波教育与医疗领域的改革与发展注入了强大动力。首先，在教育领域，科学家精神推动了宁波教育模式的创新转型，教育者秉持实事求是的态度，关注学生个性化发展，提倡探究式学习和批判性思维的培养。通过引入科学的教学方法和理念，如 STEM 教育和项目制学习等，激发学生的创新意识和实践能力。同时，宁波积极借鉴科研机构的协同攻关模式，加强学校与企业、科研院所的合作，共建实习实训基地，将前沿科技融入教育教学，实现产教深度融合，提升人才培养的质量和针对性。

在医疗领域，科学家精神同样引领着宁波医疗服务体系的升级优化。通过医疗机构和科研团队紧密合作，共同攻克医学难题，推进精准医疗、智慧医疗的发展。通过大数据、人工智能等高科技手段，宁波在医疗服务中实现了资源的有效整合与利用，提高了诊疗效率和质量，减轻了医护人员的工作压力。比如，积极借助互联网打造"智慧医疗"服务，通过开展线上医疗等服务模式，极大地增强了医疗资源的均等化，有效缓解了"看病难、看病贵"等问题。此外，宁波还致力于培养具有国际视野、具备跨学科研究能力的医疗人才，鼓励医生进行科研探索和技术革新，使临床实践与科学研究相互促进，不断推动医疗技术的进步。

科学家精神强调社会责任和人文关怀，这促使宁波在构建教育医疗体系时，始终坚持以人民为中心的发展思想。在此背景下，宁波努力扩大优质教育资源覆盖面，通过在线教育平台、远程教学等方式，让更多人享受到优质的教育资源；在医疗卫生方面，则着力提高基层医疗服务水平，优化医疗资源配置，建立公平、高效、可及的公共卫生服务体系。可见，科学家精神不仅塑造了宁波教育与医疗领域的创新氛围，更驱动了这两个领域从理论到实践、从单一到多元、从传统到现代的全面转型升级。通过实施创新驱动发展战略，宁波的教育医疗事业正朝着更加科学化、智能化、人性化的方向发展，为社会经济的可持续进步提供了坚实的人才保障和健康支撑。

（四）助力宁波阳光政务的持续发展

政务服务改革是政府职能转变的重要标志，特别是在现代信息技术应用背景下，通过打造阳光政务服务体系，进一步强化政府的行政服务能力，旨在通过信息化手段提高政务公开度与透明度，提升行政效能和服务质量。在科学家精神的引领下，要求政府在制定政策、实施决策时以事实为依据，注重数据驱动和科学分析，避免主观臆断和盲目决策。宁波市政府借鉴科学研究的规范流程，强化对各类政务数据的收集、整理与应用，确保决策过程遵循客观规律，从而提高了政策的科学性和针对性，促进了阳光政务信息发布的准确性和权威性。

同时，宁波引入先进的信息技术，构建全面覆盖、互联互通的政务服务平台，如推行"一网通办"，实现政务服务事项网上办理；利用人工智能、大数据等科技手段，提供精准化、智能化的服务模式，显著提升了政务服务效率。同时，积极探索"互联网＋监管"的新模式，用科技力量保障阳光政务的运行机制更加公平公正、公开透明。在实践中，积极倡导开放交流与共享理念，积极推动政务信息公开，让权力在阳光下运行，打造政府与公众之间的信息共享平台，增强公民参与社会治理的能力和信心。通过及时公布政策法规、财政预算、项目审批等相关信息，满足公众知情权，进一步提升政府公信力。

此外，科学家持之以恒的改进精神，鼓励宁波不断优化政务服务流程，完善服务标准，建立常态化的评估反馈机制，力求在实践中发现问题、解决问题，持续提升阳光政务的质量和效果。宁波还注重培养一支具有科学家精神的公务员队伍，鼓励他们积极学习新知识、掌握新技术，将科研精神融入日常工作，为建设高效、透明、便民的阳光政务提供了有力的人才支持。科学家精神犹如阳光普照，照亮了宁波政务工作的每一个角落，引领着政务改革向更高水平、更深层次发展，实现了政府服务由管理型向服务型转变，有效提升了社会治理效能和人民群众满意度，成为宁波实现高质量现代化发展的坚实基石。

第六章

科学家精神的未来展望与时代引领

科学的发展不仅是人类探索自然奥秘的伟大征程，更是驱动人类自身不断演进与革新的强大引擎，科学家作为科学知识与科学精神的载体，在其中扮演着举足轻重的角色。长期以来，无数科研工作者在我国广袤的土地上，树立起一座座科技创新的丰碑，同时也锻造出独特的科学家精神内涵。

习近平总书记强调，科学成就离不开精神支撑。科学家精神是科技工作者在长期科学实践中积累的宝贵精神财富。科学家精神不仅是一种胸怀祖国、心系人民的无私精神，更是一种勇闯科技前沿、敢于引领潮流的开拓精神。科学家精神是人类科学未来的重要指引，科学家精神在人们应对全球性问题时，能够发挥出较大的精神价值，为构建人类命运共同体奠定坚实的基础。

● 一、科学家精神对全球问题解决的作用

在全球化背景下，面对诸如气候变化、环境污染、资源短缺、疾病流行等复杂的全球性问题，科学家精神发挥着至关重要的作用。科学家精神是科学家在探索未知、追求真理过程中所展现出的理性、求实、创新和奉献的特质。目前，全球性问题往往涉及多个领域，需要跨学科、跨领域的创新与合作。科学家精神中的创新意识，促使科学家不断探索

新方法、新技术，为解决全球性问题提供可能。此外，全球性问题往往超越国界，需要国际社会共同应对。国际科学组织如联合国教科文组织、世界气象组织等，在全球性问题研究中发挥着重要作用。

（一）当前面临的主要全球性问题

1. 气候变化与环境退化

气候变化是当今世界面临的较为严峻的全球性问题之一，其根源在于人类过度排放温室气体，如二氧化碳和甲烷等，这些气体在大气层中积聚，形成"温室效应"，导致地球的能量平衡被打破，进而引发全球气候变暖的趋势。这一现象不仅限于气温的上升，其连锁反应波及地球各个系统，造成深远而广泛的影响。科学家精神在应对全球气候变化中，更强调理性思考与分析，对于正确认识全球性问题至关重要。通过严谨的实验、观测和数据分析，揭示全球性问题的成因、发展和影响，可为制定针对性政策提供科学依据。

比如，全球变暖直接引发海平面的持续上升，是由于极地冰川和冰盖受热加速融化，大量冰水注入海洋，导致海平面逐年增高，对沿海城市和岛国构成了较大威胁。另外，工业化进程的加速和城市化扩张中，大规模的森林砍伐导致碳汇减少，加剧了全球变暖的程度，同时也破坏了生物栖息地，致使生物多样性下降。加上过度开垦、不合理采矿以及污染排放等行为，一些原本肥沃的土地变得贫瘠，一些地区荒漠化问题日益严重，不仅影响了农业生产，还威胁到生态系统的稳定和人类的生存环境。

2. 国际能源与资源危机

随着全球人口数量的持续攀升，以及全球经济活动的快速发展，能源需求如同滚雪球般与日俱增。这种增长不仅表现在家庭用电、工业生产、交通运输等基础需求上，更体现在新兴科技、新兴产业的能源消耗上。然而，支撑这些需求的主流能源来源——化石燃料，包括煤炭、石油和天然气等，其资源总量是有限的。随着开采与消耗速度的加快，化石燃料资源正逐步走向枯竭，这是一个无法回避的现实难题。[①] 与此同时，过度依赖化石燃料的能源消耗模式加剧了全球气候变化的严峻形势。

除了能源危机外，全球资源紧张的问题还体现在水资源、矿产资源和粮食供应等方面。随着工业化和城市化的快速推进，水资源的需求越来越大，但可用水资源总量并未相应增加，反而在过度开发、污染以及气候变化等因素影响下，全球多地出现了水资源短缺的现象。矿产资源的消耗同样呈上升趋势，稀有金属和非再生能源的匮乏已经开始阻碍部分产业的持续发展。此外，随着人口增加和饮食结构变化，全球粮食需求也在不断增长，而耕地资源有限、土壤质量下降、气候变化等因素导致粮食生产的压力陡增，粮食供应安全问题日益凸显。为此，全球各地都在积极探寻资源利用的高效化、绿色化途径，以及寻求可再生、可持续的替代资源，以缓解资源危机，保障全球生态安全和可持续发展。

3. 公共卫生与健康挑战

在全球公共卫生领域，一系列复杂且紧迫的问题正在全球范围内构成重大挑战。首先是新兴传染病的暴发与蔓延。这类传染病在短时间内就能跨越国界，造成大规模感染，严重影响各国的医疗卫生资源分配和经济社会秩序。同时，它们对全球公众健康构成了直接的生命威胁，促使国际社会共同探讨应对策略。

此外，慢性疾病的全球化也是一个不容忽视的问题。心脏病、糖尿病、癌症等慢性疾病的发病率在全球范围内逐年攀升，不仅加重了医疗系统的负担，也给个人和社会经济带来了较大影响。精神健康问题同样亟待全球关注和解决。随着生活节奏加快、社会压力增大，抑郁、焦虑等精神健康问题在全球范围内不断增加。然而，精神健康服务的投入相对较少，很多人无法得到及时有效的诊疗和康复服务。

由于医疗服务分布的不均衡问题突出，在许多发展中国家和地区，基础设施落后、医疗资源匮乏，民众无法获得及时有效的医疗服务。而在发达国家，城乡差异、贫富差距也导致医疗服务的不公平分配。全球

---

① 能源危机 [J]. 能源与节能，2015（4）：123.

公共卫生需要寻求公平高效的解决方案，通过国际合作和援助，缩小全球范围内的医疗服务差距。

4. 社会人口与发展压力

目前，全球人口的持续增长，已成为影响世界发展的重大议题。随着人口基数的不断扩大，城市的容纳能力和扩张速度受到了空前的考验，全球城市化进程在加速，而基础设施、公共服务、住房供应等面临较大压力。快速的城市扩张带来了交通拥堵、环境污染等一系列城市问题，同时也加剧了城市管理的复杂性和难度。同时，就业压力随人口增长而显著增大，新增劳动力市场的供需矛盾凸显，尤其是年轻一代在寻找合适就业岗位时，面临着激烈的竞争。与此同时，劳动人口的快速增长与产业结构调整、技术进步带来的职业结构调整不匹配，可能导致结构性失业问题的加剧。

另外，教育资源分配不均的问题在全球范围内愈发明显，如人口增加导致教育资源需求大幅上涨，尤其是在发展中国家和地区，教育资源稀缺与人口增长的矛盾尤为突出。社会保障体系建设在人口增长的压力下同样承受着较大的考验，特别是老龄化进程加快，养老保险、医疗保险等社会保障支出需求增加，社会保障基金的收支平衡面临挑战。

总而言之，全球人口增长所带来的挑战是全方位的，它涉及城市规划、就业市场、教育资源配置、社会保障体系等各个方面，要求国际社会和各国政府共同应对，通过制定科学的政策，优化资源配置，以实现人口与经济社会的协调发展。

5. 国家安全与国际冲突

随着全球化的深度发展，国际恐怖主义、核武器扩散以及网络攻击等非传统安全威胁，日益凸显出严重性与复杂性。国际恐怖主义活动无视国界，严重威胁全球的和平与稳定。[①] 其跨国性和隐秘性使得防范和打

---

① 曹华. 国际恐怖主义与国际政治 [J]. 自贡师范高等专科学校学报，2002 (4)：15-17.

击工作尤为困难，对各国的情报共享、法律合作以及联合反恐机制提出了较高要求。

此外，随着核技术的扩散，核国家的数量有可能增加，这不仅加剧了区域乃至全球的军事紧张局势，还加大了核武器意外使用或落入恐怖组织手中的风险。并且，地区冲突与局部战争频繁发生，不仅导致大量人员伤亡和流离失所，更引发了难民危机、民族宗教矛盾的加剧以及地区经济发展的停滞。①

同时，网络攻击作为新兴的非传统安全威胁，对国家安全构成较大挑战。黑客入侵、网络间谍、分布式拒绝服务攻击等形式多样，对各国的基础设施、关键信息系统和个人信息安全构成严重威胁。

（二）科学家精神在应对全球性问题中的作用

1. 揭示问题本源

从气候变化的角度来看，要解决这一问题，除了弄清自然规律的影响外，更重要的是应找准其内在的影响因素。人类在长期的发展中过度消耗地球宝贵资源，使自身赖以生存的环境千疮百孔，也直接或间接地引发了一系列气候变化问题。为此，科学家通过研究地质、生物、化学等历史记录，了解过去的环境变化情况。如冰芯、湖泊沉积物、树轮等都可以记录过去的环境条件。使用气候模型来模拟和预测环境变化，其中结合了物理、化学和生物学过程，帮助科学家理解环境变化的机制和预测未来的变化趋势。

比如，1992 年有 1700 名全球顶级科学家联合发布了《世界科学家对人类的警告》，警示人类活动正对地球生态系统产生严重破坏，表现为全球碳排放量持续攀升、全球气候变暖现象加剧。他们强调，若继续放任对环境的破坏行为，地球将遭受无法挽回的损失，人类社会的现行发展模式，如同踏上一条无法回头的危险道路，呼吁人类应当珍视并妥善管理地球有限的资源。

---

① 丁思齐. 国外核武器扩散研究综述 [J]. 江南社会学院学报，2019，21 (2)：38-46.

2. 普及科学知识

在全球性问题上，普及科学知识对于提高公众意识、促进国际合作和推动解决方案的实施至关重要。科学家通过多种途径普及科学知识，以帮助全人类更好地应对这些挑战。科学家通过撰写科普文章和出版科普书籍，针对涉及全球性问题的科学知识进行普及，以增强社会对于全球性问题的认识。这些作品以通俗易懂的语言解释复杂的科学概念，使公众能够更好地理解全球性问题的本质和解决方案。例如，关于气候变化的科普书籍和文章，包括约瑟夫·罗姆的《气候变化》等，可以帮助读者了解全球变暖的原因、影响和应对措施。

同时，科学家积极参与公共教育活动，如讲座、研讨会和科普展览，使科学家能够与公众面对面交流，回答社会对于科学问题的疑问，并分享全球性问题领域的最新研究成果。如在学校、图书馆、社区中心等举办关于环境保护的讲座，提高公众对环境问题的认识。在信息时代，科学家还可以利用媒体和社交平台，普及各类科学知识，迅速地将全球性问题的最新研究成果和科学观点传播给公众，并与公众进行有效互动，解答他们的各类疑问。

此外，科学家通过国际合作和交流项目，不断促进科学知识的普及。科学家能够跨越国界，分享研究成果和技术，提高全球范围内对全球性问题的认识。联合国教科文组织、世界气象组织等，通过举办国际会议和研讨会，促进全球科学家之间的交流与合作，共同普及科学知识。科学家还可通过科学教育和培训，培养下一代的科学家和科普传播者。科学家教给学生和公众科学知识，培养他们的科学思维和解决问题的能力。通过科学教育，下一代可以更好地理解和应对全球性问题，并为未来的可持续发展做出贡献。

3. 寻找解决路径

面对日益严峻的全球性问题，科学家也在积极寻找解决路径，以在其中发挥关键作用，维护人类社会的安全可持续发展。首先，跨学科合作。全球性问题往往涉及多个学科领域，科学家需要开展跨学科合作，结合自然科学、社会科学、工程技术和经济学等领域的知识，以全面理解和解决复杂问题。其次，提出理论与假设。基于对问题的深刻理解，科学家会提出理论框架和假说，尝试解释问题的原因和机制，并预测未来发展趋势，从而为全球性问题的解决提供重要支撑。

此外，科学家还可通过技术研发、实验验证和创新应用，寻找解决问题的具体措施。例如，针对气候变化，科学家可能会研发低碳技术、清洁能源和碳捕获利用与封存技术；针对疾病问题，科学家会致力于疫苗研发、疗法创新和公共卫生策略优化。科学家可与政策制定者、产业界和社会各界紧密合作，将科研成果转化为政策建议和实际应用，推动全球性问题的解决方案的实施。在解决方案的实施过程中，科学家负责持续监测实施效果，并对方案进行迭代优化，确保其有效性及适应未来环境变化的能力。

4. 坚持科技创新

科技创新在解决全球性问题中扮演着无可替代的角色，其为全球面临的复杂挑战提供了新的思路和突破性解决方案。科学家通过深入研究与不断开发新技术，有力地回应了全球在能源、环境、公共安全、公共卫生等领域存在的迫切问题。

在能源领域，科学家深感化石燃料的有限性，以及其燃烧产生的温室气体对全球气候的影响，因此致力于太阳能、风能、水能、地热能等可再生能源技术的研究和推广，以减少人类对化石燃料的依赖，并利用新能源技术降低碳排放，构建可持续发展的能源系统，推动全球经济的绿色转型。与此同时，针对大气中二氧化碳浓度持续升高的严峻形势，科学家在碳捕获利用与封存技术方面，进行了开创性的研究，旨在从大气或排放源头捕获二氧化碳，并将其安全储存在地下或改性后用于工业生产，从而有效阻止温室气体排放，助力全球气候治理。

在安全领域，科学家不仅关注传统意义上的国防安全，更致力于寻求全球范围内的和平发展之道。他们利用先进的遥感卫星、预警系统、网络安全技术等手段，为防灾减灾、反恐维稳、防止核扩散等方面提供科学支持，以科技创新守护全人类的共同安全。

在公共卫生领域，科学家持续推动医学和生命科学的创新发展，不断优化医疗资源配置，提高医疗服务效率。科学家利用基因测序、人工智能、远程医疗等先进技术，对疾病进行早期筛查、精确诊断和个性化治疗，极大地提升了全球抵抗疾病、应对疫情的能力。此外，科学家还努力研发新的疫苗、药物和治疗方法，对抗艾滋病、癌症、罕见病等各种威胁人类健康的疾病，以科技力量守护全人类的生命健康。

由此可见，科学家作为科学家精神的传承者，通过科技创新在解决全球性问题的过程中发挥着决定性作用。科学家精神既是人类应对复杂挑战的有力武器，又是推动全球可持续发展、保障人类福祉的重要驱动力。在未来，科学家将继续秉持创新驱动发展战略，借助科学家精神的指引，以科技进步破解全球性问题，为构建人类命运共同体提供坚实的科学基础。

二、科学家精神对未来科技发展的引领

当今科技创新的竞争不仅是物质和智力的比拼，更是精神和意志的较量。在未来，我国科学家精神所蕴含的力量，将被进一步挖掘和夯实，引导和培育更多的年轻科学家，矢志为国家的科学发展做出贡献。量子计算、人工智能、基因编辑等前沿领域的突破性理论，最初往往由科学家提出，而后逐渐演变为实际的科技创新。科学家作为各自领域的专家，能够基于对科学规律的深刻理解，参与并主导国家和地区的科技发展战略规划，引导资源配置和科研方向，确保科技发展符合社会需求和时代趋势。

（一）致力打造智慧生活模式

科学家精神是对科学世界的重要诠释，代表着广大科学家的精神本质。在未来的科学发展中，应当遵循科学造福社会的根本原则，积极探索科技与日常生活的结合。比如，在智能家居的发展方面，2023年智能家居行业呈现出显著的增长趋势，智能家居不再仅仅是单一的产品，而

是逐渐形成一个相互连接、协同工作的生态系统。随着技术的进步，智能家居产品更加注重用户体验，智能语音控制的进步使产品能够更好地理解和响应用户的需求，给予用户更多元化的体验，使日常生活更加便捷和高效。再如，在人工智能的发展方面，我国已经走在了世界前列，在实践中以应用需求为牵引，推动我国人工智能科技产业发展。其中，人工智能企业数量的增长，以及技术应用的广泛扩展，为自主可控技术体系的构建和产业国际竞争力的提升奠定了基础。

目前，智能科技正在与家电、消费电子行业深度融合。例如，AWE 2023 展会上展示的最新创新成果，如 5G、人工智能、物联网、云计算、大数据等技术的应用，展现了从单品智能到场景智能的转变，智能产品变得更加多能、便捷、交互性强，逐渐从"炫技"走向实际应用。同时，数字技术已经深度融入百姓的日常生活，包括无人驾驶、智慧交通、5G 远程手术等技术的成熟，使百姓的出行、医疗等方面变得更加便捷。

此外，随着科技的飞速发展和科学家精神的不断发扬，互联网医疗正以前所未有的速度渗透到大众生活中，其用户规模呈现显著增长态势。互联网医疗依托现代信息技术，打破了传统医疗服务的时间与空间限制，让优质的医疗资源能够跨越地域、时间障碍，惠及更多人群。尤其在疫情防控期间，其便捷高效的特性得到了充分展现，有效缓解了医疗资源紧张的局面，显著提升了医疗服务的质量和效率。更重要的是，随着互联网在农村地区的普及率不断提升，越来越多的农村居民得以享受到互联网医疗带来的红利。以往，由于位置偏远、医疗资源匮乏，农村地区的医疗服务水平往往较低，而现在，互联网医疗的普及，使越来越多的农村普通居民享受到医疗服务的便利。如异地参保、互助医疗、移动医疗平台等，极大地改善了农村医疗服务的可及性与服务质量，对于提升农村地区的医疗水平具有重要意义。

科学家在不断钻研与创新中，致力于将最前沿的科技成果转化为惠及全民的产品和服务，消除数字鸿沟，让每个人都能公平地享受到科技进步带来的好处。科学家精神驱使着科研工作者不断克服困难，解决实际问题，从而使科技发展真正服务于民、服务于社会福祉，有力地推动社会幸福感的整体提升。可以说，互联网医疗用户规模的增长，以及农村地区互联网普及率的提升，是科学家精神与科技发展紧密结合的结果，显示出科学家精神及科技发展在全民生活中的广泛应用价值，对于社会幸福感的提升大有裨益。

（二）强化社会治理科技引擎

当前，社会治理正逐渐融合互联网、大数据、人工智能、云计算等现代智能技术，这些技术不仅推进了基层社会治理的现代化，也成为解决基层社会治理难题的关键。[1] 智能化技术使得社会治理效能变得数据化和可视化，为基层社会治理提供了新的空间和模式，其通过大数据、云计算、人工智能等数字技术，对社会治理数据进行挖掘、收集、整理、转化，提高了社会治理的科学性、预测性、精准性和高效性。同时，科技创新还为社会治理提供了新的治理理念和方式，孵化出众多新兴科技，为社会治理提供了科技支撑。

随着数字中国建设的推进，社会治理正在经历快速的数字化转型，旨在解决传统治理手段难以有效解决的问题，包括系统治理、综合治理、源头治理等。在科技支撑下的社会治理现代化，通过将科技嵌入社会治理，提升了社会治理能力，创新了合作机制，实现了科技与社会良性互构等。事实上，科学家精神的核心内涵之一，便是以问题为导向的深度思考，这种思维方式在社会治理领域，同样具有深远影响和积极推动作用。科学家在研究过程中，坚持从实际问题出发，深入剖析现象背后的本质规律，以严谨的科学态度对待每一个疑问和挑战，实质上就是一种精准找寻问题、精细分析问题和精确定位问题解决方案的策略。

在社会治理的复杂体系中，科学家精神鼓励以敏锐的洞察力去发现那些容易被忽视的社会矛盾和需求，通过科学方法和系统思维，抽丝剥茧地梳理问题脉络，把握问题的核心和症结所在。帮助人们跳出惯性思维的束缚，更加客观、全面地看待和分析社会治理中遇到的各种挑战，

---

① 杨奔.人工智能与大数据、云计算的融合发展［J］.无线互联科技，2020，17（10）：30-31.

让科技真正服务于民生，服务于社会，服务于国家的长治久安，从而有力地提升社会治理效能，推动社会和谐稳定和持续发展。

（三）推动公共服务转型升级

随着人工智能、大数据和云计算等技术的发展，社会公共服务将变得更加智能化和个性化。例如，智能客服系统能够提供 24 小时在线咨询服务，通过自然语言处理技术理解用户需求，并提供准确的信息和解决方案。此外，智能化的公共服务平台可以根据用户的历史数据和偏好，提供个性化的服务推荐，从而提高服务效率和用户满意度。同时，大数据技术使得公共服务的提供者能够收集和分析大量的数据，从而更好地理解服务需求、优化资源分配和提高服务效率。如在城市交通管理中，通过分析交通流量数据，可以实时调整信号灯的配时，减少交通拥堵。

互联网和移动技术的发展，使公共服务更加便捷和可访问。政府可以通过在线平台提供各种服务，如在线办理证件、在线教育、在线医疗服务等，不仅节省了用户的时间和精力，也提高了公共服务的覆盖面和可达性。并且，科技的发展催生了新的公共服务模式，如共享经济、众包和众筹、共享单车、共享汽车等。通过共享经济模式，为社会提供了更加灵活和便捷的公共服务，同时减少了资源浪费，为公共服务的创新及公共资源的利用提供了新的动力。比如，四川省"智游天府"文化和旅游公共服务平台是数字化创新实践的一个典型案例。①该平台通过整合文旅资源，提供综合管理、公众服务和宣传推广等功能，实现了省、市、县三级文旅服务的整合。平台特别强调了便民利民惠民的作用，如通过数字化技术，简化了旅游景区和文博场所的入园程序，提高了服务效率、优化了用户体验。此外，该平台还在疫情期间提供了云展播、慢直播等服务，满足了公众居家期间的文化需求。

---

① 周静蓉. 四川省"一机游"发展现状及对策研究——以"智游天府"为例[J]. 陕西工业职业技术学院学报，2020，15（3）：88-90.

（四）引领国防科技跨越发展

在科学家精神的推动下，我国科学家不断围绕国防安全主题，致力于先进军事装备和防御体系的深耕，大幅提升了我国的国防军事水平。随着科技的不断进步，新的技术不断涌现，如人工智能、量子计算等，这些技术在国防领域的应用，将带来重大变革。例如，人工智能可以用于情报分析、无人机作战、网络安全等领域，大大提高作战效率和决策质量。同时，在新的安全环境下，国防科技需要从传统的"以武器平台为中心"的战争模式，转向"以信息技术为核心"的智能化战争模式，包括新型武器装备的研发、网络信息系统的建设、智能化作战理论的创新等。科技创新不仅可以提供新的研究工具和方法，还可以推动国防科技研究范式的转变，这些成就均得益于科学家精神的战略驱动，使国家安全成为科学发展的最高追求。

以航空航天领域为例，我国自主研发的第五代隐形战斗机歼-20，以及正在研发中的轰-20，均是引领未来科技发展的重要产物，也是国防科技重点发展的方向。[①] 如歼-20集合了先进的空气动力学设计、隐身技术、航电系统、高性能发动机等关键技术，展示了我国在航空制造领域的自主创新能力，以及高端装备制造实力，实现了部分关键技术环节从追赶到超越的跨越式发展。另外，北斗卫星导航系统的建立及全球服务能力的形成，是我国科技引领国防科技发展的又一重要里程碑，其不仅在军事领域为精确打击、导航定位、战场态势感知等提供了强有力的支持，更在民用领域发挥了较大作用，标志着我国在卫星导航技术方面实现了全球战略布局的突破。

此外，量子科技领域的突破，如量子通信和量子计算技术的研发，也为中国国防科技带来了颠覆性变革。量子通信技术的保密性和安全性，为军事通信提供了全新的解决方案。而借助量子计算技术的潜力，有望在未来催生出超越传统计算机的超级运算能力，极大地提升国防战略情报处理、军事模拟仿真和密码破解等领域的技术水平。

---

① 聂群. 轰-20大猜想［J］. 小哥白尼（军事科学），2020（2）：8-11.

这些案例充分表明，科技创新已经成为中国国防科技发展的重要驱动力，也更需要广大科学家持续坚守科学家精神，通过自主创新，不断突破关键技术瓶颈，提高我国的国防实力，带动相关产业和科学技术的整体进步，实现我国国防科技的跨越式发展。

● 三、科学家精神对人类文明进步的贡献

科学家精神对人类文明进步的贡献是多维且深远的，是推动科技进步、社会发展和人类认知深化的核心动力。科学家精神鼓励求真务实、探索未知，不断提出和验证新的科学理论，推动了物理学、化学、生物学、天文学等自然科学领域的重大发现与突破，极大地改变了人类对自然界和宇宙的认知，也促成了航天、新能源、生物医药等高新技术产业的兴起和发展。由此可见，科学家精神的发展与创新，有助于为人类找到可持续发展的路径，保障着人类社会的永续发展。

（一）发现自然规律，竭力优化人类生存环境

科学家精神的核心特质之一是对于未知世界的好奇心与对真理坚定不移的追求精神，这也是每一位科学家灵魂深处的烙印。因此，科学家精神驱动他们勇敢探索未解之地，揭开自然界神秘面纱，揭示隐藏在其背后的深邃奥秘。他们以实验为工具，以理论为桥梁，通过日复一日的艰辛探索和无数次的挫折与失败，逐渐确立了自然界的规律与法则，为人类理解世界运行机制、解析环境变迁、预见自然灾害提供了关键的"钥匙"。

事实上，人类文明的发展与进步过程中荆棘密布，并非如我们所想象的那样一帆风顺，特别是在神奇的自然界中，各种危机与挑战时刻萦绕在我们身边。而科学家对于自然规律的研究，能够保持人们对自然界的了解，帮助人们及时规避各种风险。如揭示地球气候系统的动态演变规律，让人们了解到人类活动与全球变暖之间的密切关联，从而为制定应对气候变化的策略提供了科学依据。同时，科学家对自然灾害如地震、

洪水、飓风等的发生机制进行深入研究，通过建立预报模型和早期预警系统，有效地减轻了灾害对人类社会和生态环境的影响。

此外，科学家始终围绕人类发展问题，致力于各个领域的研究与突破。如在对生物多样性的保护中，揭示物种进化、生态系统运作的规律，使我们认识到生物多样性对地球生态平衡和人类生存的重要性。在科学家的努力下，我们开始重新审视人类活动与生物灭绝的关系，并采取科学的保护措施，以维护生物多样性和地球生态系统健康。总体来看，科学家精神引领着我们不断探索自然界的未知，发现并确立自然规律。正是在科学家孜孜不倦、勇往直前的精神鼓舞下，人类得以更加科学、理智地对待自然环境，努力寻求与自然和谐共生的发展道路。

（二）探寻人类福祉，不断创造社会幸福生活

人类发展涉及生产生活的方方面面，从原始社会到现代社会的跨越，凝聚了一代又一代人的智慧与汗水。科学家精神一直都与国家命运紧密相连，其内涵也随着国家发展、社会进步而不断丰富。比如，科学家通过研究生物学、化学和医学等领域，开发新药和治疗手段，提高疾病预防和治疗水平，延长人类寿命并提高人类生活质量。同时，通过改良作物品种、研发高效的农业生产技术，提高粮食产量，确保全球食品安全，减少饥饿和营养不良问题。并且，通过研究环境科学，推动可持续发展，寻找减少污染和应对气候变化的方法，保护自然资源，确保生态平衡，为人类提供健康的生活环境。

在全球化背景下，科学家深知任何单一国家或地区的个体力量都无法单独解决诸如疾病流行、自然灾害、贫困等全球性挑战，因此，他们积极开展国际合作，跨越地理、文化和政治的界限，共同面对这些严峻的问题，通过共建国际科研平台，共享科研数据与资源，开展联合研究项目，共同探讨和应对全球性问题的复杂性与多元性。例如，在全球疟疾防控与治疗中，各国科学家联手开展病毒基因测序、疫苗研发、临床试验等工作，有效抑制了疟疾疫情的全球蔓延。我国科学家屠呦呦在研究中发现了青蒿素，并对青蒿素类药物的抗疟疾活性进行了深入研究。这类药物在一定程度上可用于治疗某些类型的疟疾，使全球疟疾的预防

与治疗更进一步。面对自然灾害时，科学家运用地理信息系统、气候模型等尖端科技手段，提高灾害预警的准确性，研发防灾减灾技术，为受灾地区提供技术支持与重建方案。

如此种种，均反映出科学家在继承科学家精神的过程中，更加专注于各自领域的研究和创新，并且，通过国际合作与科学研究，为解决全球性挑战提供了切实可行的解决方案，彰显了科学家精神中的合作共赢、求真务实和创新进取，为全人类的福祉做出了重要贡献，进一步推动了全球科研合作网络的完善，为迎接未来的全球性挑战打下了坚实的基础。

（三）仰望星辰大海，积极探索人类求知世界

在跳出传统世界的旅程中，科学家凭借过人的智慧和胆略，将目光聚焦于星辰大海，持续对宇宙中的未知空间进行探索，旨在更深入地揭示宇宙起源。比如，科学家借助先进的望远镜、卫星和太空探测器，对宇宙进行细致入微的观测和研究，揭示恒星、行星、星系乃至暗物质、暗能量等宇宙奥秘。如 2016 年，我国科学家设计并建造的世界上最大的单口径射电望远镜 FAST，主要用于观测脉冲星、黑洞、暗物质、暗能量以及宇宙起源等领域的研究，其灵敏度和分辨率极高，对我国乃至全球的天文学研究具有里程碑式的意义。

以我国为例，建设世界科技强国，实现中华民族伟大复兴，是百年来中国科学家的梦想。党的十八大以来，以习近平同志为核心的党中央高度重视科技创新工作，坚持把创新作为引领发展的第一动力，把创新摆在国家发展全局的核心位置，实施创新驱动发展战略。自 2007 年起，我国陆续发射了嫦娥一号、嫦娥二号、嫦娥三号、嫦娥四号和嫦娥五号等月球探测器。其中，嫦娥四号在 2019 年成功着陆在月球背面，成为世界上第一个在月球背面着陆的探测器。嫦娥五号于 2020 年成功从月球采集样本并返回地球。天问一号负责执行我国首次火星探测任务，于 2020 年 7 月发射。2021 年 5 月，天问一号成功进入火星轨道，并实现了祝融号火星车的着陆，标志着中国在火星探测方面取得了重要突破。另外，我国正在建设自己的空间站——天宫空间站，其将用于开展各种科学实

验和技术实验，包括空间生命科学、空间材料科学、微重力流体物理等领域的研究。

为了探索浩瀚的宇宙，科学家跨越国界，开展广泛的国际合作，共享观测数据、研究成果和先进设备，共同探索人类面对的巨大宇宙谜团。如国际空间站项目、阿尔法磁谱仪 2（AMS-02）项目等，都是全球科学家通力合作的典范。不仅如此，为了更好地传承和创新科学家精神，科学家通过科普讲座、出版书籍、社交媒体等多种渠道，将深奥的宇宙知识向社会公众普及，激发全社会对科学探索的热情与兴趣，让更多人参与到仰望星空、探索未知的旅程中来。科学家以严谨的科学态度、坚忍的探索精神和开放的国际合作姿态，仰望星辰大海，积极探索宇宙的无穷奥秘，为人类拓宽认知疆界，引领人类走向更广阔的未来。

第七章

科学家精神的教学实践与典型案例

● 一、实施报告样例

　　一百多年前的新文化运动给我们留下了宝贵的"民主"（"德先生"）和"科学"（"赛先生"），中国科学在科学家的辛勤努力下取得巨大进步。科学精神随着科技的不断发展，内涵更加丰富。科学家精神就是科学精神最为集中的表现。新时代，我们比任何时候都更需要强大的科技创新力量，更需要继续发扬以爱国主义为底色的科学家精神，激励广大青年将爱国情、强国志和报国行自觉融入个人追求，成为改革创新的主力军，为科技自立自强汇聚强大精神动力。本教学实施报告选用与专业相关的人物、事物等，以寻找科学家精神（"赛先生"）为主线，融贯中国精神和社会主义核心价值观，构建"学习・研习・传习"三习教学模式，围绕讲"马克思主义的道理、融会贯通的道理、身体力行的道理"（以下简称"三类道理"），坚持思政与专业融合、课堂与社会融合、思政与信息融合，引导学生成为中国精神和社会主义核心价值观的学习者、践行者、引领者和传播者。

（一）教学整体设计

1. 服务专业发展，构建"知行合一"教学内容

本设计构建以"三类道理"为框架的教学内容。其中，讲马克思主义的道理，对接中国精神和社会主义核心价值观部分的内容，明白"是什么"。讲融会贯通的道理，聚焦科学家精神及其相关精神谱系，挖掘背后的方法论内容，思考"为什么"。讲身体力行的道理，要求学生做改革创新的生力军，做新时代忠诚的爱国者，为实现中国梦注入青春力量，规划"怎样做"。本设计将教材分为木、土、火、水、金五大板块，形成三大部分，六个专题，具体内容如图7-1所示。

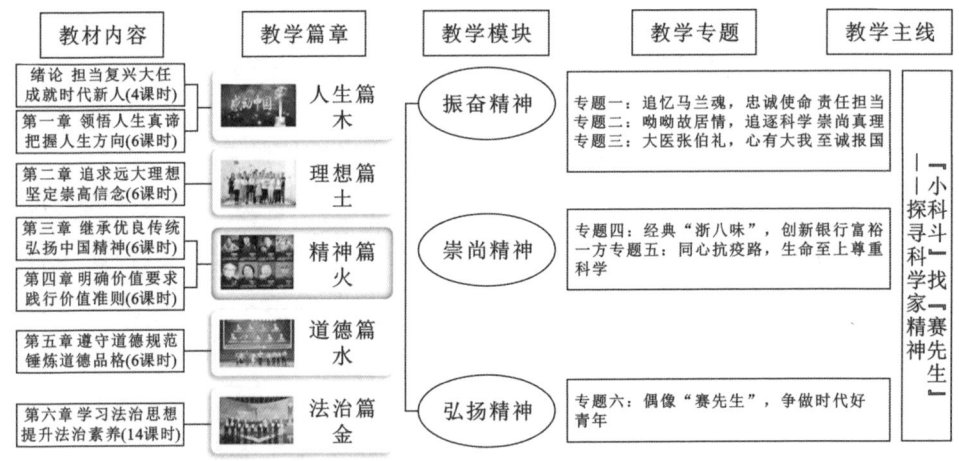

图 7-1　教材构成示意图

2. 开展调研预判，形成"三高三低"的学情分析

2022级中药1班是学院确定的"小科斗"班，笔者通过问卷调查和访谈，发现学生总体学习风气较好，态度认真，但是与当前的人才需求仍存在差距。

1）信息应用能力高，现实交往频率低

大多数学生能熟练应用各类软件，所有学生都表示习惯于在网络上

搜索资料，60％的学生能够自行制作多媒体课件，40％的学生会剪辑视频素材。超过半数学生更加愿意用网络通信工具进行交往交流，30％的学生至今仍未同寝室以外的班级同学聊过天。

2）专业认同程度高，创新创造水平低

超过75％的学生将提升学历作为大学目标，对本专业的认可度高，愿意从事本专业相关工作。创新创造能力不足，学生对创新重要性认识较高，但60％以上学生对于创新的方向和方式感到迷茫，50％的学生没有考虑过中医药专业需要创新。

3）物质生活欲望高，价值追求定位低

对金钱的向往较为强烈，生活和职业目标直接与金钱挂钩的学生占一半以上。在掌握科学人生价值评价标准的基础上，仍然有部分学生注重物质贡献，在崇拜的偶像方面，有一半学生崇拜文娱明星，个人价值追求层次不高。

3. 对接核心素养，设置"学懂信用"的教学目标

建立从知识获得到能力训练，再到情感价值观内化的三维目标，掌握马克思主义的立场、观点、方法，坚定马克思主义理想信念，围绕科学家精神主线，在真学的基础上做到真懂真信真用。振奋精神：真懂中国精神尤其是科学家精神与社会主义核心价值观的基本概念、基本范畴、基本观点、基本原理。崇尚精神：真信精神的磅礴力量，接受科学家精神与核心价值观的引领，信中国共产党能、马克思主义行、中国特色社会主义好。弘扬精神：真用道理分析和解决思想上的困惑、生活中的疑点，行动中的难题，践行并弘扬中国精神和社会主义核心价值观。

4. 基于交往理论，探索"格物习理"的教学策略

作为一种"教育性交往"，思政课在借助人物、事物等讲道理的过程中应营造一种自由、民主的对话交往氛围，引导学生进入学习性交往状态，在认同、尊重与信任的基础上达成共识。

1）经由对话交往施"格"

通过亲眼看、亲耳听、亲口讲、亲身演、亲心悟等方式设计多种对话形式，营造民主的交往氛围。创造广泛对话空间，除了常规课堂之外，通过学习通慕课平台、自媒体平台、微信等实现线上对话，扩大交往空间和对象。构建多元对话主体，包含师生对话、生生对话、师生与文本对话、自我对话四个层次，实现师生协同和生生合作相融合。

2）借助专业元素近"物"

全方位立体化用活用透人物、事物等，从科学家屠呦呦、张伯礼身上，从一首马兰谣、一株济世草、一段抗疫路中感悟一颗报国心，感怀科学家精神。以经典道地药材"浙八味"的最新发展情况展现中医药领域的创新举措，在伟大抗疫精神中感悟健康服务人员职业精神。用学生熟悉的专业元素诠释思政道理，既增加专业自信，也让科学家精神变得可亲、可敬、可学，实现思政教育和专业教育的融合。

3）通过六道循环探"习"

设计"学习·研习·传习"三习模式，"学习"是经由问道和闻道环节，通过提问、阅读、听讲和交流等基本方式获得并内化相关知识。"研习"是经由悟道和为道环节，通过感悟道理和实践活动构建学习体系。"传习"是经由望道和温道环节，展望未来，温故知新而后身体力行，实现思政小课堂与社会大课堂的融合。

4）采用信息技术评"理"

以增值理念为导向，确定"知识·能力·素养"的评价体系。教师评分、生生互评、学生自评、专家评价、学习通测评等多元评价贯穿课前、课中、课后。通过加强与大数据、云平台、虚拟现实等现代信息技术的深度融合，开展虚拟仿真体验教学实践，建立"课内与课外互通、线上与线下互联、虚拟与现实互补"的三维立体教学评价模式，推动信息技术与思政课堂融合。

（二）教学实施过程

1. 遵循科学规律，组织"6W"循序渐进实施环节

遵循思想政治工作规律、教书育人规律、学生成长规律，按照学生知情意行形成发展特点及高职教育特点，聚焦学生系统认知、全面分析、科学解决中医药领域具体问题的思维方式、方法等薄弱环节，有针对性地开展教学。循序渐进分步实施。采用"6W"流程开展教学，即问道—闻道—悟道—为道—望道—温道。

问道——预习知识，提出问题。认真研读教师课前提供的资料，并提出相关问题。

闻道——耳闻目睹，交流观点。教师根据学生提出的问题，落实学生主体、教师主导原则，在课堂上组织理论讲授、观点交流，逐步将知识转化为情感认同、政治信仰、行动自觉。

悟道——感悟道理，建构体系，提炼知识，形成认知框架。教师讲授课程内容，结合学生分析阐述情况，进行针对性分析、讲解，引导学生学习新知，加深知识理解，形成基本认知框架。

为道——知无不为，拓展思维。根据先前设计组织开展教学活动，针对学生活动中存在的认知和价值偏差，提出问题并给予指导，引导学生提高分析和解决问题的思维。

望道——展望未来，内化价值。师生结合专业设计活动，让思政助力专业发展，将核心价值观融入未来专业学习、职业发展。

温道——温故知新，力行道理。教师布置课后作业和实践任务，引导学生将理论知识应用于实践，通过实践巩固理论知识，做到内化于心、外化于行，知行合一、德技并修。

2. 凝练实施环节，创建"三习"有机衔接教学模式

1）"学习"（学而时习之，不亦说乎），突出主题意识

在问道和闻道环节，通过自主预学、人物导学、交互探学、评测检

学、梳理结学、课后拓学等方式，采用案例式、体验式、互动式等多种教学形式，利用学习—反馈—总结—再学习的规律，获得知识、技能并予以巩固，实现从教学体系向知识体系的内化。

2）"研习"（学而不思则罔，思而不学则殆），突出问题意识

在悟道和为道环节，通过文献研读、现场观研、素材寻研、交流研析、互评结研、作品研结等环节进一步理解理论，突破重难点，强调探究、反思和分析，回答好摆在面前的时代之问。

3）"传习"（知者行之始，行者知之成），突出破题意识

在望道和温道环节，通过故事传播、观点传递、理论传授和价值传承等环节，利用学校课堂、网络课堂和社会课堂传播理论，既达到温故知新、内化价值的效果，又破解道理力行的难题。既传又习、以传促学，形成学习闭环。

3. 聚焦增值导向，确定全过程数据采集开展综合评价

采用多元多维度多主体过程性评价方式，评价贯穿"学习""传习""研习"的课前、课中、课后，评价途径有教师评分、生生互评、学生自评、专家评价、学习通测评等，每个阶段都有评测点作为参考依据。每个学生从学习的起点、过程到结果在语言表达、协作精神、分析推理等方面都设置了考察，作为增值性评价的一种方式。此外，教师通过信息化平台实时统计、分析评价数据，并基于此查找教学问题，优化教学设计，增强教学实效。

（三）学生学习成效

1. 专业元素巧融合，创新氛围成共识

以中医药相关人、事、物为抓手，以网络资源为载体，贴近生活、贴近专业、贴近学生，运用理论点、组织参与点来解决困惑点，让学生在完成学习任务的过程中拓展交往范围，锻炼交往能力。在中医药创新

行动中，学生勇于突破，将中医药元素运用游戏、药膳等多种形式呈现出来。勇于实践，走进中小学课堂、社区等创新宣传"浙八味"等传统中药品牌，让其焕发生机活力。

2. "三习"模式妙运用，求实学风齐共践

"学习"部分，思维导图、主题讨论、感悟报告等作业提交率达100％，学生综合成绩均在85分以上，实现答题率与优秀率的统一。"研习"部分，分组研究并锻炼资料收集整理分析、课堂展示交流、调研报告撰写能力，实现条块化与系统化的统一。"传习"部分，以追寻"赛先生"为主线，贯穿整个教学过程，在熟悉科学家精神的基础上追随精神榜样，在实践中赓续中国精神和核心价值观，实现理论性和实践性的统一。

通过平台提交的作业和课堂展示前后对比，学生的专业发展责任感、使命感更强了，学生的自我要求、自我期待更高了，学生变得更加开朗、自信、大方。

3. 对话交往增协同，师生联动促共生

教师全程深度参与小组任务的监督与指导，利用空间组建学习共同体，跨班级、跨学校开展交互活动，利用空间集成、丰富多元的资源与服务进行探究学习，丰富了交往环境、交往内容和交往形式。在深度交往过程中实现思维共振、情感共通、精神共生，促进形成学习共同体，继而成为发展共同体。教师在提炼总结授课经验的基础上，以教促研，成功申报项目"新时代行业类高职院校思政课'学习·研习·传习'教学模式研究"。

（四）特色与创新

1. 贯彻"交往"理念，提供三教改革新视角

基于马克思交往理论为课程教学提供新思路，通过多方面的改革创新，促进思政课教学发生较大变化。在交往主体上，由"重个人主体性"

向"重交互主体性"转换，在课堂上鼓励学生发挥主体性，确立共同发展的目标。在交往内容上，由"重知识"向"重生活"转换，选择回归生活的理念。在交往方式上，由"重教"向"重导"转换，实施平等对话策略，帮助学生克服"不敢说、不想说"的困境，增加参与感；引导学生用辩证的观点看待问题，增加获得感。

2. 借用"专业"元素，挖掘教学融合新基点

以"小科斗"寻找"赛先生"为形象比喻，借助中药专业元素中的人物和事物等，学习、弘扬和传承科学家精神，凸显问题意识和实践导向，展现区域特色、校本特色和中医药特色，构建"大思政课"育人格局，将中医药元素融入思政课的教育教学，在互为支撑、共生发展中推进思政课内涵式发展与提高中医药人才培养质量。

3. 实施"三习"模式

构建教学提质新机制的"三习"教学是多层次、多维度联动的创新式教学，契合行业类思政课教学的本质属性和应用特质。就相对完整的模块内容展开"学习""研习""传习"三种施教方式，教师引导讲解，学生自主探究，身体力行理论，实现学习—探究—实践往复循环，理论联系实际、个人联结社会，实现在思想政治认知、情感、意志和行为上潜移默化、循序渐进的系统化趋同过程，实现师生、生生之间在交往、对话中寻求、发现、探索和领悟精神。

（五）反思与改进

1. 进一步探索"思政课＋中医药元素"的多维度融合机制

正确处理好思政教师与专业教师合作共生问题，在建立深度合作的教学学术共同体的大师资问题上需要做进一步思考。科学处理好专业元素与思政理论融入什么、如何融入等关键性问题，在构建视野宽、思维广、价值深的大课堂问题上需要进一步提升。巧妙处理好数字化资源在

中医药元素呈现中的赋能作用，在建设丰富性、层次性和立体性的大资源问题上需要进一步加强。

2. 进一步探索"思政小课堂＋社会大课堂"的多元协同机制

教学中存在重视课堂理论知识传授，而对学生的实践能力、科研能力、创新能力等高阶综合素质的培养不足等问题。应进一步探索课堂教学和实践教学的协同机制，带领广大学生深入社会，锻炼学生主动思考、自主分析和深入研究的能力，解决学生重认知轻认同的问题，将求实学风落到实处。

● 二、教学内容样例

各位中药1班直播间的同学们，大家好！

"学思践悟二十大，砥砺奋进新征程"暑假思政主题教育活动正在如火如荼开展。今天我们一起来完成其中一项任务——了解一位专业榜样人物。

2021年，一则短视频《寻找赛先生》在网络掀起观看热潮，与视频同步的话题"怎么理解科学家精神"也引发了网友的热烈讨论。今天老师带领大家"云"游浙江省科学家精神教育基地——屠呦呦旧居陈列馆，从一个真实的，有血有肉的专业人物身上近距离认识"赛先生"，理解科学家精神，获得榜样力量。

同学们也都已经进入直播间了，大家可以随时把游览心得打在直播间。

首先，我们来了解一下。

（一）新时代科学家精神的内涵

新时代科学家精神的内涵包括：第一，胸怀祖国、服务人民的爱国精神；第二，勇攀高峰、敢为人先的创新精神；第三，追求真理、严谨治学的求实精神；第四，淡泊名利、潜心研究的奉献精神；第五，集智攻关、团结协作的协同精神；第六，甘为人梯、奖掖后学的育人精神。

党的二十大报告指出，要"弘扬科学家精神，涵养优良学风，营造创新氛围"。科学家精神是科技工作者在长期科学实践中积累的宝贵精神财富，属于第一批纳入中国共产党人精神谱系的伟大精神，是中国精神和社会主义核心价值观的典型体现。

下面大家边游览边听讲解边思考问题：屠呦呦是如何体现科学家精神的？科学家精神与我们有着怎样的联系？

（二）屠呦呦事迹与科学家精神

20 世纪 60 年代，疟疾横行。1969 年，时年 39 岁的屠呦呦接受"523"抗疟药物研究项目。刚开始项目基础一穷二白，没人、没钱、没技术。但屠呦呦说："祖国需要我，我义无反顾。"她在紧急时刻以身试药，导致自己得了中毒性肝炎。为了专心搞研究，她把孩子送回宁波老家。老一辈科学家身上体现出强烈的使命感和责任感，无论过程多么艰难，只要国家有需求就会舍己舍家拼尽全力去做，把国家和人民放在第一位。她也说过："青蒿素不是我屠呦呦的，是属于国家和人民的。"

这就是胸怀祖国、服务人民的爱国精神。

我们都知道，屠呦呦之所以享誉全球，是因为她发现了青蒿素，获得了重磅大奖——诺贝尔生理学或医学奖，但研发团队那么多人，为何把奖项授予屠呦呦了？这里我们看到了三个"第一个"：屠呦呦第一个把青蒿素带入项目组，第一个提取出抑制率达 100％的青蒿素，第一个做临床试验。这些"第一个"无可替代，没有这个"一"，后面再多零都没用。

创新提取方法是青蒿素研发中的关键一招，从古籍中的"青蒿一握，以水二升渍，绞取汁，尽服之"获得灵感，屠呦呦重新设计研究方案，运用现代生物化学技术低沸点提取青蒿素，并且夜以继日筛选从而获得突破。这种尝试的背后是中西医理论知识的深厚积淀，是一种敢于突破的勇气和打破常规的智慧，只有想别人所未想，做他人所未做，才能攀上科学高峰。

这就是勇攀高峰、敢为人先的创新精神。

这里有一张照片，照片的背面是屠呦呦14岁时哥哥屠恒学写给她的话："呦妹：学问是无止境的，所以当你局部成功的时候，你千万不要认为满足；当你不幸失败的时候，你亦千万不要因此灰心。呦呦，学问决不能使诚心求她的人失望。"哥哥鼓励她追求真理，屠呦呦一直用心践行。在"523"项目中，她收集了2000多个药方，筛查了200多种中草药，用乙醚提取青蒿直到第191次才成功，为了测试毒副作用还以身试药。她说："科学要实事求是。药物的关键是疗效，我们现在就是要把论文变成药，让药治得了病，让青蒿素更好地造福人类。"

这就是追求真理、严谨治学的求实精神。

"523"项目，不是个人研究，是国家的重大项目。张伯礼说：青蒿素是几十家科研机构，几百位科学家共同奋斗的结果。当时中医科学院里项目组也是团队，屠呦呦是组长。在项目内部，信息都是共享的，检测的设备相互借用，我们还看到上海和云南的研究团队起到了很大的作用。

举国体制在当年困难条件下发挥了重大作用。事实上这样的制度优势与现代科学的发展需求也是相匹配的。单打独斗就能产出优秀成果是科学发展初期的特点，在如今重大科研突破都是集智攻关、团结协作而来的，如北斗卫星导航系统、中国空间站、杂交水稻、量子计算机等，都是大量科研人员协同合作的成果。

这就是集智攻关、团结协作的协同精神。

人的生命是短暂的，但是科学研究无止境，专业探索需要传承发展，需要后继有人。屠呦呦也不例外，她带过硕士、博士，退休了也经常去单位指导年轻人的工作。她将获得诺奖所得的400万瑞典克朗全部捐赠于科研事业，以成立创新基金来奖励年轻的科研人员，鼓励他们投身中医药事业的建设和发展。

这就是甘为人梯、奖掖后学的育人精神。

爱国、创新、求实、奉献、协同、育人精神在科学家身上熠熠生辉，我们寻找"赛先生"，不仅是为了了解它，更是想让它成为我们的精神灯塔。那么"赛先生"和我们到底有着怎样的关系？

（三）科学家精神与青年的关系

我们请直播间的同学们踊跃互动。大家可以将留言打在评论区，也可直接连麦发言。

同学一：严谨求实精神是中医药人特别需要重视的，药物选材、炮制操作都会影响疗效，我们的专业老师也总是强调学习药理要严谨，选用药材要严格。

同学二：没有传承，创新就失去根基；没有创新，传承就失去未来。我们在校期间不仅要扎实学好专业基础知识，也要有团队合作、勇于尝试等精神，在传承中创新，在创新中传承，推动中医药更好发展。

好，同学们通过了解专业榜样屠呦呦学习到了科学家精神，并将这些精神融入自己的学风作风中。等过完暑假回到宁波之后大家也可以线下近距离参观屠呦呦旧居陈列馆，并做成视频文字等形式传播出去，让更多的人了解屠呦呦，了解科学家精神。

老师总结：屠呦呦旧居陈列馆让更多的宁波人了解屠呦呦，增强了爱乡情感和家乡自信，烘托了崇尚科学、尊重知识的社会氛围，为宁波建设现代化滨海大都市提供了精神动力。同学们，让我们真正理解和认同科学家精神的宝贵和崇高，将个人理想的实现融入国家发展、社会进步的历史进程中，争做有信仰、敢创新、肯奉献的时代弄潮儿。

寻找宁波"赛先生"

近期，一档生动有趣的科普创演节目《你好赛先生》首播反响热烈。"赛先生"即"science"（科学），是新文化运动的一面重要旗帜。一百多年来，从科学救国到科学报国，从科学强国到科学兴国，一部科学发展史贯穿着一部科学家精神成长史，"赛先生"就是科学家精神的形象表白。

一、"赛先生"意蕴何为

科学家精神是科技工作者在长期科学实践中积累的宝贵精神财富，是优秀品德在科技界的生动写照，属于第一批纳入中国共产党人精神谱系的伟大精神。

2019年，中共中央办公厅、国务院办公厅印发的《关于进一步弘扬科学家精神加强作风和学风建设的意见》指出，科学家精神的时代内涵包括：胸怀祖国、服务人民的爱国精神，勇攀高峰、敢为人先的创新精神，追求真理、严谨治学的求实精神，淡泊名利、潜心研究的奉献精神，集智攻关、团结协作的协同精神，甘为人梯、奖掖后学的育人精神。

爱国是科学家精神的底色。爱国是科学家精神的首要因素，一部科学发展史，贯穿着一部科学家精神发展史，见证了科学救国、科学报国、科学强国的奋斗史，铸就了风云激荡的新中国发展史。创新是科学家精神的本质。自主创新是攀登世界科技高峰的必由之路，关键核心技术要不来、买不来、讨不来，只有在独创上下功夫，才能解决各种瓶颈问题。求实是科学家精神的本色。实事求是是探索科学真理的前提条件，实事求是既要解放思想、独立思辨，拓展人类认知边界，又要立德为先、诚信为本，严守学术道德底线。奉献是科学家精神的灵魂。奉献是不计较个人得失，不急功近利，全身心投入国家科学事业，体现出强烈的责任感和使命感。协同是科学家精神的保障。协同是现代科学合作精神的升华，现代科学研究技术密集、系统复杂，需要集中优势发挥团队力量。育人是科学家精神的根基。科技强国的梦想需要一代又一代科学家接续奋斗才能实现，需要科学家具有"铺路石"的牺牲精神和"传帮带"的奉献精神，让更多的年轻人能够站在巨人的肩膀上脱颖而出。

宁波作为"院士之乡"，是一座具有科学家基础的城市，科学家精神也一直闪耀在宁波这片土地的上空。

二、宁波"赛先生"在哪里

1. 浓缩在家国情怀深厚的科学家精神教育基地里

2022 年，首批浙江省科学家精神教育基地名单公布，宁波入选 4 家，分别是谈家桢生命科学教育馆、屠呦呦旧居陈列馆、童第周故居和周尧昆虫博物馆。在这些基地里，科学家精神藏在字里行间、聚在影音图片中、落在文物精品里。

走进周尧昆虫博物馆，您可以看到这位昆虫学界泰斗年轻时投笔从戎的故事。1936 年，怀揣着科学救国、农业救国梦想的周尧只身前往意大利那波利大学留学深造，师从著名昆虫学家西尔维斯特利教授，攻读博士学位。1937 年 7 月 7 日，卢沟桥事变爆发，周尧悲愤不已。他说："报国之日短，求学之日长。不杀大虫，杀小虫何用。"于是，拒绝了导师的挽留，准备回国。1938 年 4 月，周尧辗转回到广州后立即奔赴抗日前线。老一辈科学家身上体现出强烈的使命感和责任感，无论过程多么艰难，只要国家有需求就会舍己舍家拼尽全力去做，把国家和人民放在第一位。在这里，我们找到了胸怀祖国、服务人民的爱国精神。

2. 凝聚在敢为人先的高水平重大原创科技成果里

有这样一件"神奇织物"，穿在身上便可"预知"身体的健康情况，这便是当下时兴的智能可穿戴设备，它实现了人、机、物高度融合与交互的柔性。作为柔性可穿戴器件重要材料之一的铁电材料，其弹性问题是该项研究领域的难题。中国科学院宁波材料所创新性地提出了"弹性铁电"的概念，通过改变铁电晶体结构，创新铁电制备方法，为铁电材料插上了弹性化的双翼，创制出了在高频大应变下仍然具有良好铁电响应的弹性材料。

这种材料的拉伸率高达 125%，把它拉伸后不但能保持原有的铁电性，而且能在外力撤除后迅速恢复原状，这为智慧医疗、智能可穿戴设备等领域创造了更广阔的发展空间。《科学》期刊审稿人评价道：这个工作绝对令人惊叹，毫无疑问是本领域的一个里程碑，开辟了全新的"弹性铁电"学科方向。这样突破性的科研成果在宁波不断涌现，2023年"浙里好成果"13项新材料重大科技成果榜单发布，"宁波原创"占到7席。在这里，我们找到了勇攀高峰、敢为人先的创新精神。

3. 出现在产学研协同攻关的高新技术企业里

截至2023年，宁波市高新技术企业总数突破7000家，高新技术企业数年增幅达31.2%，领跑浙江全省。统计数据显示，宁波90%以上研发经费来源于企业，90%以上研发机构设在企业。宁波拥有重点企业研究院39家、省级企业研究院237家、省级高新技术企业研究开发中心962家，均创新高。

宁波探索形成以企业为主体、产学研高效协同、深度融合的创新联合体建设模式，提升特色产业集群的创新实力，推动创新链、产业链、资金链和人才链深度融合，提高科技成果转化和产业化水平。

以吉利汽车为例，2023年是吉利新能源转型升级之年，也是"高价值口碑"持续强化之年，各类品牌销售业绩均呈现快速突破，而"产业链、生态、全球化、协同"是新能源转型成功的战略密码。产业链指的是电动化、智能化和低碳化产业垂直整合；生态指的是全链路、全场景、全生命周期的全面布局；全球化指的是国内国际双循环的发展格局；协同指的是政府扶持、院校支持、企业共建的全面保障。在新能源汽车发展以跟踪为主转向跟跑和并跑、领跑并存的新阶段，跨界融合、团队协同和国际合作变得更加重要。在这里，我们找到了集智攻关、团结协作的协同精神。

三、如何讲好宁波"赛先生"的故事

当前国内外环境发生深刻复杂变化，科技竞争成为国家安全之要、强盛之基。宁波的高质量发展对加快科技创新提出了更为迫切的要求，讲好科学家故事，弘扬科学家精神，营造崇尚科学的社会氛围，具有十分重要的意义。

1. 孵化好资源共享众创空间讲好科学家故事

"众"是协同多方主体,"创"是注重原创内容,"空间"是利用多元载体。协同多方主体,构建宁波科学家故事传播原生态。有机整合宁波科学家精神教育基地、宁波科学探索中心、宁波帮博物馆等本土资源,协同政府、学校、科研院所、企业等主体,串珠成链形成科学家教育群落,打造具有宁波特色的科学家教育传播基地,打开宁波百姓了解科学家、了解科技发展的重要窗口。关注关键热词,激发宁波科学家故事传播原创性。着力打造立足宁波、融通中外的新概念、新范畴和新表述,运用宁波百姓关注的热词和关键词讲好科学家故事,提炼热词和关键词背后的价值内涵,坚持不忘本来、吸收外来、面向未来。强化组织保障,催生宁波科学家故事传播原动力。通过政策支持、表彰奖励、宣传推广、教育基地建设和资源整合等组织保障措施,确保科学家精神得到有效传播和弘扬,激发更多人投身科技创新。

2. 利用好博物馆历史资料讲好科学家故事

利用好宁波博物馆、教育博物馆、宁波帮博物馆、科学家精神教育基地和院士公园等场所,通过完善和提升科学家成长资料和文物的收藏、保存、研究、展示、开发利用等环节,深度挖掘实物资料的独特价值,变博物馆为讲堂,全方位讲好一个个有血有肉、个性鲜明的科学家故事,营造崇尚创新、热爱科学、尊重人才、甘愿奉献的社会氛围。

如宁波帮博物馆,通过实施甬籍院士文化建设工程,先后完成了一批甬籍科学家相关珍贵史料、实物的征集整理,形成《中国科学院院士戴传曾纪念集》等研究成果;举办戴传曾院士专题展、柴之芳院士书法展、中国地质学会创立人翁文灏先生纪念活动及专题展览、"人民科学家"顾方舟系列纪念活动和顾方舟精神研讨会等活动;实施院士口述史项目,编辑出版《宁波籍院士文献资料目录汇编续编（2015—2020）》。深入挖掘甬籍科学家精神内涵，着力讲好科学家故事。

3. 创作好主题系列科普剧讲好科学家故事

科普剧集情境性、参与性、互动性于一体，兼顾教育性和娱乐性，较受广大青少年的喜爱。科普剧可以展现科研人员的工作情况和精神面貌，把"高大上"融于"接地气"，把"理工男"融于"文艺范"，用生动有趣、通俗易懂、新颖流行的青春语态激发青少年科学情趣、提升科学意识和增强科学素养，进一步传承、弘扬科学家精神。从故事表达内容来看，要蕴含时代性、先进性和典型性，从生活、科研、家国情怀等不同角度真实体现科学家人格魅力的闪光点，拉近科学家与公众的距离。可以从故事表达的符号形式、表述形式和结构形式方面，根据不同的受众群体，灵活选择不同的表达形式。

目前宁波已推出《东方魔稻之谜》《忆童第周》《"追梦"——甬籍院士贺贤土》《执着的屠呦呦》《中国的"摩尔根"——中国遗传学之父谈家桢》等科普剧，已累计演出 300 余场，兼具好内容和好形式，讲好科学家故事。

习近平总书记指出，要持续营造尊重劳动、尊重知识、尊重人才、尊重创造的社会氛围，大力弘扬科学家精神，激励广大科研人员志存高远、爱国奉献、矢志创新。我们要通过弘扬和传承科学家精神，感召更多的人发现科学兴趣、投身科研事业、实现科技报国，为宁波新质生产力发展提供智力支持，为宁波建设现代化滨海大都市提供不竭精神动力。

三、教学设计样例

（一）教学基本情况

教学基本情况如表 7-1 所示。

表 7-1　教学基本情况

授课课程	思想道德与法治	授课时间	2023 年 8 月 8 日	授课地点	屠呦呦旧居陈列馆
授课对象	2022 级中药 1 班	教学课时	约 10 分钟	授课形式	直播参观教学

教学内容		对应教材内容第三章 继承优良传统 弘扬中国精神。主要以寻找"赛先生"为主线，以中国精神的典型代表——科学家精神为教学内容，选定中医药学生非常熟悉的人物屠呦呦的事迹为主要案例，以屠呦呦旧居陈列馆作为教学场地开展现场教学。带领学生在屠呦呦的事迹中认识、理解科学家精神，并将这些精神与自己的专业学习和个人发展相结合。具体教学内容分为以下三个部分： 一、新时代科学家精神的内涵 二、屠呦呦事迹与科学家精神 三、科学家精神与青年的关系
学情分析	知识基础	1. 了解崇尚精神是中华民族的优秀传统，了解中国精神的内涵和价值意义。 2. 了解以爱国主义为核心的民族精神和以改革创新为核心的时代精神。 3. 简要知晓屠呦呦及其个人事迹，但是对于科学家精神几乎没有了解
	能力水平	1. 具备寻找和收集素材能力，但是搜索广度和深度欠佳，部分优秀学生具有综合分析能力。 2. 具有较强的信息技术使用能力，能较好地利用直播软件与老师进行互动式教学交流
	学习特点	1. 倾向于从具体的案例或者故事出发去理解理论。 2. 喜欢小组合作参与课堂活动，但在具体分工、协调推进上有待引导。 3. 思维活跃，部分学生善于表达，具备一定的自学能力，但在学习的系统性和持续性上有待加强

续表

教学目标	知识目标	1. 理解科学家精神具体内涵。 2. 了解屠呦呦身上体现的科学家精神。 3. 理解科学家精神与专业之间的关系
	能力目标	1. 提升定向素材搜寻、分析综合和表达交流能力。 2. 能通过具体案例分析总结出理论点。 3. 提升知识迁移和思想创造能力，能将科学家精神中的具体内容迁移至自己身上，通过借鉴创造新的精神表述
	素质目标	1. 形成对科学家精神的尊崇敬仰。 2. 内化认同科学家精神，做到知行合一
教学重难点	教学重点	1. 科学家精神的内涵。 2. 运用屠呦呦事迹进一步分析理解科学家精神内涵
	教学难点	用科学家精神指导学风作风建设，知行合一

教学策略	教学方法：参观教学法、理论讲授法、问题讨论法、小组合作法	
	信息化手段	教学资源
	腾讯会议直播： 　　在线活动丰富，使课内活动多样化，课前预习、课后拓展有平台依托。实现学习跟踪智能化、教学决策数据化、价反馈即时化	1. 视频素材：电视剧《功勋》中《屠呦呦的礼物》单元；视频《屠呦呦 一株小草的力量》。 　　2. 文本素材：《思想道德与法治（2023 年版）》《屠呦呦：一株济世草，一颗报国心》等学习强国平台文章。 　　3. 场地资源：屠呦呦旧居陈列馆

教学流程	教学流程如下图所示。 **教学流程示意图**

（二）教学实施过程

教学实施过程如表 7-2 所示。

表 7-2　教学实施过程

教学环节	教学内容	师生活动		设计意图
		教师活动	学生活动	
		课前准备		
参观准备	阅读屠呦呦相关资料。以小组为单位，选择与屠呦呦相关的视频或者文本材料进行观看或阅读交流	发布课程通知和小组研习任务	以小组为单位认领任务精神	为线上现场直播参观做好充分准备
		课堂实施		
环节一课程导入（1分钟）	1. 简略介绍"学思践悟二十大，砥砺奋进新征程"暑期思政主题教育活动的情况 2. 讲述短视频《寻找赛先生》案例情况	1. 带领学生回顾暑期思政主题教育活动任务。 2. 介绍《寻找赛先生》短视频	1. 梳理暑期思政主题教育活动任务，查漏补缺。 2. 听取案例并思考	引起学生对暑期思政课的重视，利用"赛先生"一词引起学生对科学家精神的好奇心

续表

教学环节	教学内容	师生活动		设计意图
		教师活动	学生活动	
环节二直播讲解（一）（2分钟）	一、新时代科学家精神的内涵 胸怀祖国、服务人民的爱国精神； 勇攀高峰、敢为人先的创新精神； 追求真理、严谨治学的求实精神； 淡泊名利、潜心研究的奉献精神； 集智攻关、团结协作的协同精神； 甘为人梯、奖掖后学的育人精神。 报告引用二十大报告：培育创新文化，弘扬科学家精神，涵养优良学风，营造创新氛围	1. 组织小组分享交流。 2. 针对各小组找到的精神素材进行补充或总结。 3. 讲解育人精神及相关素材	1. 各小组按顺序进行分享。 2. 认真听同学分享和老师讲解，在聆听她的事迹中感受科学家精神。 3. 完整理解科学家精神	通过对共和国勋章获得者的案例分析，了解改革创新的重要性及其基本运用，拉近学生与理论的距离

续表

教学环节	教学内容	师生活动		设计意图
		教师活动	学生活动	
环节二 直播 讲解（二） （5分钟）	二、屠呦呦事迹与科学家精神 教师带领参观，并结合现场素材讲解，分析科学家精神	1. 带领学生再次按照顺序参观陈列馆。 2. 引导共同寻找各小组在分享中提及的相关素材，进行补充讲解	1. 跟随教师参观陈列馆。 2. 在教师指导下，各小组再次寻找相关素材，与教师共同讲解。 3. 其他同学认真听讲，补充交叉讲解。	通过深度参观进一步掌握屠呦呦生平事迹，并能从屠呦呦事迹中分析理解科学家精神
环节三 交流互动 （1分钟）	三、科学家精神与青年的关系； 科学家精神与学风作风的关系； 科学家精神与专业发展的关系	1. 教师提问。 2. 教师与学生在直播间互动	1. 学生在直播间留言互动。 2. 学生连麦互动	通过互动交流将科学家精神融入自身学风学建设中，更好服务专业发展，拉近专业榜样人物与大学生的距离
环节四 教师总结 （1分钟）	从城市建设和发展的角度及学生梦想融入国家发展、社会进步的角度学习和践行科学家精神	教师总结	学生听讲	进一步提炼和升华本次课的主题，起到画龙点睛的作用

续表

教学环节	师生活动			设计意图
	教学内容	教师活动	学生活动	
	课后拓展			
课后拓展	・线下参观屠呦呦旧居陈列馆。 要求： 1. 运用视频等多种形式宣传屠呦呦。 2. 将视频等上传至学习通平台。 3. 修改完善，并完成组内互评，对优秀作品进行传播。 ・完成参观感悟。 1. 每个学生撰写 200 字自我感悟。 2. 进行自我知识、能力、素养增值评价	1. 查看各小组提交的作品，给予指导意见。 2. 对作品进行评价。 3. 发布课程组内评价和自我评价任务。 4. 以感悟为基础进行增值评价	1. 完成视频等制作，提交作品。 2. 根据老师意见予以修改完善。 3. 就本次课学习情况进行组内评价和自我评价	以视频等作品为学习成果，开展教师评价、小组互评和自我评价等，进一步内化、传播科学家精神，发挥榜样力量作用

（三）考核评价

考核评价如表 7-3 所示。

表 7-3　考核评价

项目	内容
考核评价	考核评价如下图所示，贯穿"课前—课中—课后"三个阶段，聚焦研学成果和作品质量，同时考虑学生参与度和个人知识素养增值情况，全方位运用教师评价、小组互评和自我评价等，利用信息化平台和手段延展考核时空，做到考核客观、科学、公平、公正，激发学生正向学习的兴趣和动力 寻找科学家精神之旅（40%） 优秀加分 10% 小组互评 40% 教师评价 50% 课前—课中 传播视频制作（40%） 组内评价 30% 教师评价 70% 课中—课后 增值（20%） 教师评价 30% 自我评价 70% 课前—课中—课后 **考核评价示意图**

（四）教学成效与改进

教学成效与改进如表 7-4 所示。

表 7-4　教学成效与改进

项目	内容
知识层面	通过课前素材收集和屠呦呦旧居陈列馆参观，学生了解屠呦呦生平事迹；借由网络直播参观寻找科学家精神，了解科学家精神内涵，能运用屠呦呦事迹分析科学家精神，学生互动中能够展现出科学家精神对于中医药专业发展的影响。知识目标基本达到。 　　反思改进：本次课为网络直播参观，时间较为有限，在知识检测方面可以在现场适时使用学习通相关功能开展课堂测验，以此检验并巩固学生的知识吸收程度

项目	内容
能力层面	在分析屠呦呦身上体现的科学家精神的过程中，有效提升学生定向素材搜寻、分析综合和表达交流能力，能将科学家精神具体内容迁移至自己身上，通过借鉴创造新的精神表述，在教师指导下自行探究并策划、组织视频制作。能力目标基本达到。 　　反思改进：主要采用小组合作的形式开展研究学习，所以在能力的锻炼上，小组内会存在不平衡现象，极少数同学学习能力提升较为缓慢。后续需要在组内评价的基础上开展个性化跟踪辅导，适时组织小组内帮扶
素质层面	从课后提交视频作品和参观感悟看，学生普遍认同、尊崇科学家精神，并以这些精神中的内容自我要求、自我期待。素质目标基本达到。 　　反思改进：素养的形成不可能一蹴而就，需要长期积累、渐进养成，整门课程要形成合力、相互巩固、层层推进，因此在素质目标的设定上也要形成体系化

参考文献

[1] 习近平. 在科学家座谈会上的讲话（2020 年 9 月 11 日）［M］. 北京：人民出版社，2020.

[2] 中共中央文献研究室. 毛泽东文集：第六卷［M］. 北京：人民出版社，1999.

[3] 江泽民. 论科学技术［M］. 北京：中央文献出版社，2001.

[4] 中共中央文献研究室. 习近平关于科技创新论述摘编［M］. 北京：中央文献出版社，2016.

[5] 关于进一步弘扬科学家精神加强作风和学风建设的意见［M］. 北京：人民出版社，2019.

[6] 中共中央文献研究室. 十八大以来重要文献选编（中）［M］. 北京：中央文献出版社，2016.

[7] 中共中央关于党的百年奋斗重大成就和历史经验的决议［M］. 北京：人民出版社，2021.

[8] 彭纪南，黄理稳，等. 科学精神与人文精神的融汇［M］. 广州：华南理工大学出版社，2001.

[9] 王大珩，于光远. 论科学精神［M］. 北京：中央编译出版社，2001.

[10] 曾敏. 毛泽东科技思想研究［M］. 北京：中央文献出版社，2011.

［11］黄庆桥．科技重塑中国［M］．上海：上海交通大学出版社，2018．

［12］高艳，李燕，赵丽．科学家精神融入高校思政课的价值意蕴［J］．中学政治教学参考，2023（32）：59-64．

［13］张锐，张彦．科学家精神融入思政课程与课程思政：视位、要义与赋能［J］．学校党建与思想教育，2023（15）：59-62．

［14］吴忠道，吕志跃，吴瑜．建设国家级科学家精神教育基地的实践与思考［J］．中山大学学报（医学科学版），2023，44（6）：901-902．

［15］汪长明．科学家精神融入大学生思想政治教育：价值、资源及践履［J］．重庆理工大学学报（社会科学），2023，37（9）：13-23．

［16］孙天垚，张惠娜，刘子亮．新时代科研院所科学家精神传播路径研究［J］．中国科技资源导刊，2024，56（2）：12-18，53．

［17］郭清．关于科学家精神的多维审视［J］．宁夏大学学报（人文社会科学版），2023，45（3）：8-16．

［18］汪顺来．张纯如《蚕丝：钱学森传》中的中国科学家精神书写［J］．长春大学学报，2024，34（3）：42-46．

［19］张晓普．习近平关于科学家精神重要论述的价值意蕴及实践指向［J］．西藏发展论坛，2024（1）：13-20．

［20］顾青青，姚旖．科学家精神：内涵意蕴、历史图景与时代价值［J］．长春理工大学学报（社会科学版），2024，37（1）：68-74，78．

［21］蒋伊柔．机理、嬗变与路径：对科学家精神的三维解读［J］．河北软件职业技术学院学报，2024，26（1）：77-80．

［22］郭清．论科学家精神的中国特色与时代价值［J］．中国高校科技，2024（3）：100-106．

［23］王莉莉．弘扬科学家精神，勇担新时代科技创新使命［J］．中国科技纵横，2023（16）：31-33．

［24］贾向桐．创新与责任：新时代科学家精神的建构要素［J］．人民论坛，2023（24）：66-69．

［25］付烨，张玮，肖华，等．新时代科学家精神研究综述和启示［J］．科技传播，2024，16（4）：19-23．

［26］吴明东．新时代科学家精神的核心内容与价值引领［J］．学校党建与思想教育，2022（15）：89-92．

［27］刘巍，董亚峥，杨志宏，等．中国科学家精神的历史渊源与当代价值［J］．今日科苑，2022（7）：40-46．

［28］汪长明．科学家精神的历史逻辑、理论逻辑、实践逻辑［J］．湖北社会科学，2024（2）：5-19．

［29］陆启威．科学家精神融入学科教学的方略［J］．江苏教育，2024（3）：7-10．

［30］刘瑞瑜．科学家精神助推理工科高校"三全育人"格局建设的路径探讨［J］．改革与开放，2023（2）：54-59．

［31］李志飞，张继珍，王龙森，等．内涵、价值、路径：科学家精神融入大学生思想政治教育［J］．遵义师范学院学报，2023，25（5）：132-135．

［32］刘萱，张旸．科学家精神传播促进科学文化建设的机理与策略［J］．中国科技论坛，2022（2）：5-8．

［33］孔薪媛．科学家精神铸魂育人的时代价值与路径探索［J］．中国军转民，2023（2）：65-66．

［34］万长松，程磊．新时代中国特色科学家精神的传承与发展［J］．河南师范大学学报（哲学社会科学版），2022，49（5）：1-7．

［35］张毓强．国际传播视野下弘扬科学家精神的时代价值与实践路径［J］．科普研究，2022，17（6）：75-79，98，112．

［36］李丹．以弘扬科学家精神为核心的科学普及研究［J］．海峡科技与产业，2024，37（1）：71-73．

［37］王小元，王彪，王戎．郭大力翻译《资本论》所折射的科学家精神及其当代价值［J］．江西理工大学学报，2023，44（3）：27-32．

［38］孙炜，史玉民．理论视域、实践演进及价值审视：科学家精神的三重维度［J］．西南科技大学学报（哲学社会科学版），2022，39（4）：75-81．

［39］张良，王锦荣．论科学家精神的内涵实质、育人价值与培育策略［J］．中小学教材教学，2023（7）：4-8．

［40］李斌．百年复兴与科学家精神的形成［J］．中国科学院院刊，2021，36（6）：692-697．

［41］冯道杰，程恩富．新时代科学家精神的养成探赜［J］．上海交通大学学报（哲学社会科学版），2022，30（3）：103-111．

［42］李建强．科学家精神生成逻辑的多维考察［J］．城市学刊，2022，43（2）：7-13．

［43］任福君．党领导下中国科学家精神的传承与演变［J］．中国科技论坛，2022（2）：1-3．

后 记

在无尽的探索中前行，他们是文明的传播者，在黑暗中点亮希望，在困境中砥砺前行，用智慧开启未来的大门，用智慧书写辉煌的篇章。

勇敢面对未知的恐惧，他们是真理的守护者，在风雨中坚定信念，在挑战中奋发向前，用科技的力量守护家园，用科学的力量改变世界。

披星戴月，辛勤耕耘，他们是创新的先锋；

心怀家国，肩负重任，他们是民族的脊梁。

他们以智慧为帆，以勤奋为桨，驾驶着探索的舟，驶向知识的海洋。他们不畏艰难，不惧困苦，始终坚守在科研的道路上，为了人类的福祉，为了社会的进步，为了国家的繁荣。他们不满足于现状，不安于平庸，他们敢于想象，敢于创造，敢于挑战一切不可能。他们的每一次创新，都是对技术的突破，都是对科学的贡献。

科学家精神是一种崇高的品质，一种坚定的信念，一种无尽的追求，是我们宝贵的精神财富，是人类的荣耀与辉煌，也必将在历史长河中永存，用科学的光芒照亮未来。它包括探索未知、创新意识、团队合作、传承育人等方面。在新时代背景下，继承和发扬科学家精神，是我们每个人的责任和使命。

首先，要勇于探索未知。科学家精神鼓励我们勇于面对未知的挑战，敢于质疑现有的知识和观念。我们应该保持好奇心，积极主动地去探索事物的本质，去追求真理。无论是在学习上还是在工作上，我们都要敢于提出问题，勇于寻找答案，不断地拓展我们的知识边界。

其次，要培养创新意识。科学家精神强调创新和突破，我们要敢于尝试新的方法和思路，勇于挑战传统和常规。我们应该主动寻找问题的解决方案，不断寻找改进和创新的机会，推动科学技术的发展，为社会带来更多的进步和福祉。

再次，要注重团队合作。科学家精神强调团队合作，我们要懂得与他人合作，共同努力实现共同的目标。在团队合作中，我们要学会倾听和尊重他人的意见，学会与他人沟通和协调，发挥每个人的优势，共同解决问题，取得更好的成果。

最后，要重视传承育人。科学家精神强调知识的传承和人才的培养，我们要将自己的知识和经验传授给后人，帮助他们成长和发展。

让我们通过勇于探索未知、培养创新意识、注重团队合作和重视传承育人，将科学家精神融入日常生活和工作中，为社会的发展和进步做出积极贡献，共同成为科学家精神的传承者和发扬者。

郑盼盼

2025 年 3 月